あれもこれも
できない！
から…

忙しい教師のための▼生き残りメソッド

「捨てる」仕事術

松尾 英明 著

明治図書

あなたが捨てたいもの、絶対大事にしたいものは、何ですか。

「将来の夢は、子どもたちを笑顔にできる、素敵な先生になることです。」
瞳をきらきらと輝かせて語るのは、小中学生の子ども、あるいは、教師を志す学生たち。子どもの頃からの憧れという人もいれば、教育実習を通して、教師を志した人もいるでしょう。

教師は、子どもと共に成長のできる、やりがいと魅力に溢れた仕事です。

しかし、やっと叶ったはずの夢の仕事の現実は、どうも理想通りにいかないようです。教育現場の最前線にいる学校の教師たちの多くは、疲弊しています。それもそのはず、学校の仕事の実際は、子どもに教える授業だけでなく、保護者対応から事務処理まで、多岐に渡るからです。

加えて、学校教育の現場には、常に「新しいもの」が入ってきています。かつてはなかった「環境」「福祉」の学習や「人権教育」「情報化教育」「キャリア教育」等の導入。最近では外国語が教科として正式に導入されはじめ、道徳も教科化されます。新しい学習指導要領では「カリキュラムマネジメント」の推進、「プログラミング学習」

の導入等々、新しいことのオンパレードです。

さらに各種調査も年々増える一方で、「増やした分だけ減らす」という当たり前の発想は見られません。

器の大きさは同じなのに、山盛りに入れるので、完全に溢れているのです。

対策は「各学校の創意工夫」という美しい名目で「個人裁量」ということになり、結局個人の「頑張り」、すなわち残業に頼っている現状です。

そして今、社会では「過労死」が問題になっています。特に学校教員においては、この問題は深刻化するばかりです。

厚生労働省による残業時間の「過労死ライン」の目安とされるのは「月80時間」です。公立小中学校教諭を対象とした文部科学省の２０１６年度調査によると、中学校教諭の５７・７％、小学校教諭の３３・５％がこの目安を越えていました。

紛れもない「異常事態」なのですが、この割合を見てわかる通り、初任の頃から周りが常に「異常事態」のため、異常が通常に見えて正常となり、気付けません。

経験のあるベテランは何とかするのですが、初任者などはその膨大な業務をとても捌けません。その結果、「自分は能力がないんだ、向いていないんだ」と必要以上に落ち込み、最悪の事態につながることもあります。

「仕事に優先順位をつければいいのよ」と先輩からアドバイスを受けても、何が優先で何がいらないのか、わからないというのが実際のようです。

そこに切り込みを入れようというのが、本書の一番のねらいです。

あれもこれも同じように「大事」に見えるせいで「あれもこれもできない」のです。

何かを捨てる必要があります。その「何か」とは何なのか。

本書には、その答えを探すヒントがあります。


「忙」という字は「心を亡くす」と書きます。「忙しい」と口に出さないことです。

心を亡くす前に、全部捨ててしまいましょう。

いらないものを捨てることで、「いるもの」の輪郭がはっきりします。

あなたにとって、絶対に捨ててはいけない、大切なものとは何でしょうか。

本書を読んで、あなたにとって心から本当に大切だと思えるものを探し当ててください。

もくじ

第1章 時間術

第2章

整理術

第3章

人間関係術

第4章

教師力

第5章

捨てたからこそ、得られるもの

第 1 章

時間術

この章では、時間の使い方について「捨てる」の視点から見ていきます。

毎日、勤務時間内にどれぐらいの自由な時間を確保できるでしょうか。その貴重な時間を使って、今すぐやるべきものはどれでしょう。また、本当に残業をしてまで取り組むべきものはどれでしょう。そういった考察と選択をせずに、手当たり次第で「一生懸命」やっていれば、確実に毎日残業の日々が待っています。

その働き方自体が、自分の選択です。

「労働時間が長い」とお上に文句を言う前に、まずはここで自分の働き方、時間の使い方を見直しましょう。

「ノー残業デー」を捨てる。「残業デー」をつくる。

厚生労働省が音頭をとって「ノー残業デー」を推奨していますが、学校現場においても成果はかんばしくありません。

それもそのはず、教師にとってやるべきことは「無限に」あるからです。


「無限に」と表現したのには訳があります。

例を挙げると、教材研究です。

これは大切ですが「プラスアルファ」の仕事です。

自分次第でいくらでも伸び縮みする時間です。

マニアックに突き詰めていけば、永遠にやり続けられます。

あとは「日記」「学級通信」のようなものも同様です。

「やらなくてもいいけどやった方がより良い効果が望めるもの」です。


つまり、教師の仕事は、個人裁量でいくらでも増やすことができるということです。

時間の上限がなければ、毎日、それこそ退職するまで永遠に「やるべき仕事」はなくなりません。

では、どうしたらよいのでしょうか。


まず「ノー残業デー」という、この言葉自体が危ないことに気付いてください。

「ノー残業デー」が設定されるということは、残業が前提としてあります。

そもそもここがおかしいのです。


勤務時間というのは、そこで業務が終わるということが前提として設定されます。

例えば国立大学の附属小学校では、教育実習期間等の一定期間だけ規定勤務時間が長くなることがあります。（届け出がある上なので、労働基準法には違反していません。）

それは、標準の時間設定だと業務が終わらないのが前提として見越してあるためです。

現実的とは言いがたいですが、基本的には業務がその時間内に終わる前提なのです。


そこで、本来の形に戻します。

残業しないのが前提と考えて、逆に「残業デー」を設定します。

「申し訳ないけど私の仕事が遅いので残業させてください！」という「泣き」の日です。

この「残業デー」は週1日以内がベストですが、まずは週3ぐらいから始めましょう。週4だと、「ノー残業デー」を週1日設定するのと変わらなくなってしまうからです。

残業デーは、満足いくまで徹底的に残業します。原則、時間の上限設定はありません。完了させる仕事の設定だけをします。

残業デーを決める上での注意点が一つだけあります。月曜日だけは避けるということです。（その週の内に祝日等休みがある場合は例外。）翌4日間をへとへとで出勤することになり、結果担任する子どもにしわ寄せがいきます。月曜に無理をすると、確実に後で疲れが出て、1週間分のパフォーマンスが落ちます。月曜は元気な気がして頑張りすぎてしまうので、特に注意です。

週2ならば「火曜または水曜&金曜」がおすすめです。週3ならば「月曜&水曜&金曜」になりますが、この場合、「月曜の残業だけは2時間」というように時間の上限設定をするのが大切です。

「いきなりの会議」を、捨てる。

さて、「残業デー」のアイデアを聞いても、「そうはいってても帰れない」という声が聞こえてきそうです。

それもそのはず、仕事には「学校全体の仕事（校務分掌等）」や「学年の仕事」等々、自分の意志とは無関係に「やるべき仕事」も多く存在しているためです。

これら「自分の学級以外の仕事」は、優先的に処理します。

原則として、**他の人と一緒にやるものは必ず勤務時間内に設定して行います。**

また、**やらないと他の人の仕事が進まないものは、「残業デー」で確実に仕上げます。**

他の人に迷惑がかかるようでは、早く帰ることは許されません。

そのためにも、「やるべき仕事」は計画的に行っていきます。

仕事を頼む場合や会議の設定をする場合も、見通しをもった計画性が大切です。

私が過去に組んだ素敵なベテラン学年主任は、「〇週のこの時間に学年会、大丈夫？」と、遅くとも前の週までに学年のメンバーに学年会の希望予定日時を伝えていました。

これに倣い、自分が体育主任として体育部会を設定する時も、体育部の年間計画予定を作って活動日を事前に確保しておき、必要に応じて予定を変えていきました。


こういった時間感覚のない人と仕事を組むと、悲惨なことになります。

こちらは翌日にアフター5の予定が入っているのに、いきなり「明日、5時半から学年会ね」と平気で時間外の会議を一方的に設定されます。

ひどい場合、勤務時間がずっと過ぎて、帰り支度を始めた頃になって急に「今からやるよ」というような人も存在するようです。

一見、意図的な嫌がらせにしか見えませんが、言っている側はこの時間感覚が「普通」であり、今までこれで「普通」に通ってきたことなので、非常に厄介です。

緊急事態への対処ならわかりますが、日常からして「緊急対応」です。

本当の緊急対応時には余裕がなくて混乱するのが目に見えます。


ついでに言うと「お手すきの先生方、助けてください」という頼み方も、原則不可です。

お手すきになるならとっくに帰っているか、他の仕事をしているはずだからです。

本来は「お忙しい中本当に申し訳ないですが、困っているのでどうか力を貸してください」というような頼み方になるはずです。

これら「困った人」にも通じる対処方法として、「攻めの仕事設定」が大切です。先に学年会や学年の仕事等の見通しを聞いておき、スケジュールしておくことです。

さらに、学年以外の自分の校務分掌等の仕事の計画も伝えておきます。

「水曜日の4時から○○会議出席」「金曜日は○○校へ研修出張」というような予定を告げておけば、そこは確保されます。（稀に「戻ってからやろうね」という鬼対応もあります。）

また、事前に予定をきちんと確認しているため、いきなり「明日の放課後」攻撃が来た時にも「予定が入っています」と断然切り返しやすくなります。

可能ならば、職員室のミニホワイトボード等に学年のメンバーそれぞれの主な仕事予定を書いて、視覚的に共有しておくといいです。

「今週は○○さん、忙しいな」というようなことが、自分を含めた全員にわかります。

結論、今日早く帰れないのは、そうした事前対策をしてこなかった自分の責任です。

他の人のせいでは決してないことだけは頭に入れておきましょう。

「チェック系仕事」は、やらない。

さて、絶対優先でやるべき仕事をスケジュールしたら、残りの時間はいよいよ自分の学級づくりや授業準備のための時間です。

学級通信を作ったり、テストの丸つけや作文の添削をしたり、日記にコメントをしたり、授業がよりわかりやすくなるようにプリントを作成したり、発展問題を用意したり……。

これらは全て、いうなれば「プラスアルファ」の仕事になります。

学級は、放っておいても、とりあえず子どもたちが登校してそこにいてくれます。

授業がどんなに下手くそでも、その時間自体は過ぎ去ります。

超がつくほどつまらない学級経営をして授業をしても、時が来れば終わるのです。

これが、校務分掌や学年の仕事との決定的な違いです。

つまり極論ですが、自分が我慢できるなら、全てやらなくても終わる仕事になります。

あまりいい例ではないかもしれませんが、高校や大学等で、極度に教える側の熱意、やる気の感じられない、つまらない授業を受けたことがある人も多いと思います。

しかし、本来は、教師の仕事の中で最も中心的で大切なのが、授業の時間です。
中学の教師なら部活も同様に大切かもしれませんが、これもプラスアルファ仕事です。
いかに自分自身が納得できるかがポイントになります。
ここには無限に力をかけられるので、取捨選択が大切になります。

つまり、時間の配分です。
放課後の時間は無限にあるという考え方は、捨てましょう。
決められた枠の中で配分するのです。

では、何を捨てて、何を選ぶべきか。
最優先すべきは、子どもに直接返る仕事です。
例えば、授業の準備、教材の準備です。
日記へのコメントかもしれませんし、学級通信作成、部活動の準備かもしれません。
会計やテストの成績打ち込みなど、事務的な仕事を選ぶ日もあるでしょう。
「すぐでなくてもいずれやるべきこと」にもどこかで時間を配分する必要があります。

ここで、プラスアルファの仕事の妨げになるものがあります。
それは、各種小テストやプリントの丸つけ、ドリル等の「チェック系仕事」です。
そういう後でじっくりやる必要のないものは、可能な限り授業時間内に終えます。
小テストの丸つけなど、隣同士でも行えます。
算数ドリルは答えがついているので、子どもが自分で丸つけができます。
子どもが自分でやった方が即時性もあり、学力もつきます。
今できることを「後でゆっくり」としない工夫に全力を注ぎます。

取捨選択です。
学級通信を選ぶ人もいますし日記をじっくり見てコメントしたい人もいます。
徹底的にモノ作りをしたい人、教材研究をしたい人もいます。
大切なのは、その全てを選ぶことはできないという事実の認識です。
自分はスーパーマンではないということを認め、今日の取捨選択をしていきましょう。

「休日出勤」を、捨てる。

休日出勤は、最も「ダラダラ仕事」ができるので、真っ先に捨てたい習慣です。

職場と自宅が近い人は、特に注意が必要です。

本来ならば職住近接は幸せなことなのですが、そのお陰で休日も職場にいるようでは、本末転倒です。

職住近接の最大の利点は、通勤時間を節約できる分、平日のプライベートの時間を確保しやすいことだからです。


中には、休日も仕事をしている方が幸せという人もいます。

部活動指導をしている人の中には、それが最高の生き甲斐という人もかなりいます。

もしあなたがそのように感じるならば、休日出勤も全く問題はありません。

（家族がいて、家事を一任している人ならば、一概にいいとは言えませんが。）

仕事をしているだけで幸せなのですから、それを止める理由はありません。

そういう人も一定数存在します。

歴史に名を残す天才的な作家や研究者などは、寝食を忘れて没頭するタイプの人が多いようです。

ナポレオンのように3時間睡眠のショートスリーパーの人も同様です。

私の知人の先生にも、そのような人がいます。

膨大な量のワークシートを作成し、日々の教材研究も徹底的。

校務分掌はいつでもプラスワンの工夫をし、若手の育成もしっかりしながら、いつ会っても「超」がつくほど元気。

寝ないでも戦える、まさに「怪物」です。

ただ、これはいうなれば「才能」の領域であり、現実にはトレーニングや心がけで何とかなるものではありません。

特に適正な睡眠時間というのは、人によって生来決定されているものだそうです。

7~8時間が平均ですが、3時間程度から10時間程度まで幅があります。

あなたがこのような猛烈型の「天才」「怪物」の領域を目指す人であれば、「捨てる」がテーマの本書はそもそも役に立たないでしょう。

「休日出勤でも幸せ」タイプではないのに、休日出勤している人に向けて言います。

休日出勤は、原則禁止です。

仕事を終わらせるのがどうしてもきつければ、ぎりぎり譲って月に1日だけです。
それ以上は禁止です。

休日出勤の最大の原因は、日常の「お残し仕事」です。
前述した「後でゆっくりやろう」の精神です。
「後で」に休日を含めようとすると、大量に「お残し」が出ます。
それをやるなら、「超残業デー」を設定してでも、金曜日の夜に終わらせましょう。

望まない休日出勤の最大のデメリットは、疲労感の継続と自己有能感の低下です。
「世間が休むこの時まで働く自分は、何て仕事が遅いのか。」と自己認識します。
その肉体的&精神的疲労が続き、うつなどの病気を引き起こします。
いつも疲れているからパフォーマンスが下がり、ますます仕事が遅くなります。
絶対にこの負のスパイラルにはまらないことです。

休日出勤をなくしていくための方法については、次項がヒントになります。

毎週金曜日の飲み会を、捨てる。

学校で様々に設定される、飲み会の数々。

「○○大会打ち上げ」「校内授業研打ち上げ」「校外学習打ち上げ」……

過疎化の進む地方都市の花火大会より数多く打ち上がります。

学校によっては、これに「学年会」「女性会」「男性会」「青年会」など所属別の飲み会が加わり、これでもかとばかり毎週のように飲み会が設定されるようです。

私も過去に、ふざけて「中年会」というのを立ち上げた罪深い歴史があります。（この会は結構面白かった。）


特に若手は体力があって財力がないため、よく呼ばれる故に金欠という事態になります。

稀に若手の飲み代をほぼ全てもってくれる素敵な先輩方もいますが、超稀です。


学校は様々な面で「非常識」「時代遅れ」と陰で言われますが、この文化もその一つです。

仕事の延長としての飲み会の数が、多すぎます。

これが、尊敬する先輩や慕ってくれる後輩から誘われ、語り合う飲み会ならばいいです。

満足いくまで、大いに飲んで語り合うべきでしょう。
しかし、一部の学校は、「仕事の延長」としての飲み会が多すぎます。
仕事としてではなくても、若手は先輩に誘われたら断りにくいことでしょう。
設定されたからには行かざるを得ないという現状があります。
また、「若いから幹事」という意味不明な理由で幹事を押しつけられる若手もいます。
本人は目上の人にビジネスとして頼まれた以上、笑顔で引き受けています。
しかし、依頼した側は内心恨まれている可能性もあることを忘れてはいけません。

大学生のノリで、そのまま流れに任せて飲み続けるのは、おすすめしません。
時間に融通のきく別の職種ならまだしも、教員は平日からして常に忙しいはずです。
忙しいからこの本を手にとって読んでいるはずです。

ずばり、金曜日こそ「残業デー」の基本設定日です。
もしどうしても金曜日に飲むなら、木曜日を「残業デー」に設定します。
これには、理由があります。

まず金曜日の残業は、翌日の心配がありません。

どんなに遅くまで残ろうとも、周りの人はまだきっと飲んでいて、起きています。

何なら残業後にそこから深夜短時間の合流も可能です。（おすすめはしませんが。）

金曜日は飲みに行く人が多いので、職場も早い時間から静かになります。

周りが遊んでいる分、頑張っている実感も出ます。

時間を無駄にしたくない気持ちも湧きます。

結果、他のウィークデーの残業よりも集中力が増します。


どうしても木曜日設定の場合は、ここも頑張りどころです。

モチベーションは、ずばり「明日は飲むぞ！」です。

これも、多少無理をしても、翌日は飲む前の夕方まで体力が残っていればいい訳です。

時間が来たら、あとは飲むだけですから、体力と気力をほぼ使い切ってしまいましょう。

疲れまくっていれば翌日はあまり遅くまでは飲めないという、おまけの特典付きです。

飲み会も、仕事の集中力とモチベーションアップに上手に活用しましょう。

土日の朝寝坊を、捨てる。

土日こそ、早起きのチャンスです。
今この本を読んでいる、朝が苦手なあなたにこそ、変身・変心のチャンス到来です。
おめでとうございます。

では、本題。
まず、土日には朝の予定を入れます。
「平日以上に早起き」の時間設定で予定をスケジュールします（最重要ポイント）。
朝一から、好きなことを予定しておきます。
私の場合、コーヒーを飲みながらの読書タイムを入れます。
メルマガやこういう原稿を書くのも楽しみの一つなので、それも設定しておきます。
ジョギングや散歩などの軽い運動もおすすめです。
早めの出発の航空券（格安）を予約して、早朝に出かけてしまうのもいいと思います。
とにかく、土日は楽しみを設定して何が何でも早起きをするのです。

成功のコツがあります。

「明日はばっちり昼寝をするぞ！」とあらかじめ心に決めて就寝し、起きることです。（前項の「翌日飲み会モチベーションアップ」に似ています。）

実際は、20分程度の昼寝を1〜3回程度するのがベストです。

そう決めておくことで「日中きついかも」→「まだ寝ている方が心身ともによい」という負の誘惑（朝寝坊の正当化）を防げます。

実際にやってみるとわかるのですが、短い睡眠で早起きしても、案外眠くなりません。

しかも、早起きした日の夜は深く眠れます。（アルコールは睡眠を浅くするので逆効果。）

眠くなったら、本当に昼寝をすればいいのです。

ただし、朝起きてすぐの二度寝はダメです。

せっかくの身体のリズムが崩れて、逆効果です。（朝食後からは寝てオッケーです。）

寝てしまう人には、起きてすぐ朝日を浴びながらの散歩等の軽い運動がおすすめです。

とにかく、最初の1回をやると決心し、起きる決断をし、断固実行するしかありません。

「土日早起き」のプラス効果は、計り知れないものがあります。

毎週金曜日に遅くまで飲んで、翌日を二日酔いで潰した時のことを思い出してください。

そう、最悪の気分でしたね。

激しい後悔と共に、「二度と酒は飲まない」と固く心に誓ったはずです。

その時間を、自分の趣味や勉強、家族との団らんに使えたら、どれだけ有意義でしょう。

成長を願うビジネスパーソンであれば、勉強時間の確保とリラックスは必須です。

酒は一見「リラックス」のようで、実際はアルコールによる「刺激」「興奮」の場です。

「酒・ギャンブル・タバコ」と並べて扱われるもので、「適度」が大切です。


日曜日には「サザエさん」を観る時間になっても、倦怠感が起きにくくなります。

お風呂に入って夕飯を終える頃には、既にかなり眠くなっています。

なぜなら、あなたは土日ともに早起きをしたからです。

早起きリズムによって、月曜日に起きるのが格段に楽になります。


金曜日の夜は目覚ましを1時間早くセットし、翌朝を楽しみに眠りにつきましょう。

「家族サービス」と言わない。

「家族サービス」という言葉があります。

この言葉自体、使うのを避けたいところです。


そもそも「サービス」するような意識では、家族としての楽しみになっていません。

父親が使うことが多い言葉だと思いますが、語感から「義務や仕事としてやってあげている感」が拭えません。

家族と過ごす時間は、商売ではないのです。

思い切り風呂掃除をするのも、子どもと遊ぶのも、楽しんでやれるならいいです。

あくまで、自分も家族も楽しむために時間を使うべきです。


親や子という役割ではなく、一人の人間としての世界と時間をもつことが大切です。

だから、無理に親の使える時間の全てを、子どものために使う必要はありません。

子どもの方も、それを求めてはいないはずです。

好きな趣味に没頭したり、時に休日に家で仕事をしたりすることだっていいでしょう。

たとえだらだら子どもと一緒に過ごしていても、子どもが親に感謝したり憧れたりするとは限らないのです。


親が自分の人生を満喫している。

子どもはそこから学びます。

「大人って、楽しそうでいいなぁ！」

子どもにそう思わせたら、子育てとしては大成功でしょう。

この大人への憧れの気持ちが、自ら伸びて自立する力になっていきます。


無理に「サービス」するぐらいなら、できるだけ楽しみな予定を入れます。

私なら、サッカーや友人との約束を入れます。

「ゆっくり読書・音楽を楽しむ」「ブログを書く」といった趣味の時間でもいいです。


家族との約束をするなら「義務感」が生じないものにします。

旅行に行くなら、自分が行きたいところにしましょう。

親の世界を見せることにも意義があります。

一番いいのは、そのまま教材研究にするつもりで旅行することです。鎌倉の下見に行く前に、家族で楽しんできてしまいます。科学館に子どもと出かけて、理科のネタを仕入れてしまいましょう。キャンプ場に出かけて、林間学校の練習をしておきましょう。サッカーに行くのにも、子どもを連れて行ってしまいましょう。「自分もやりたい」と言い出すかもしれません。

オンとオフを分けるのが大切という考え方がある一方で、オフをオン、オンをオフに活用するという考え方もありです。

故人となりましたが、元筑波大学附属小学校の伝説の教師、有田和正先生は、旅先で常にネタを仕入れていたといいます。

私が師と仰ぐ野口芳宏先生も、毎月のようにある全国各地の講演に、ご家族を連れて旅行を兼ねて楽しんでいたといいます。

考え方を変えて、「サービス」しないで、一緒に楽しんでしまう工夫をしましょう。

「所見への
こだわり」を、
捨てる。

成績処理。

この「処理」の言葉が示す通り、相当に労力がかかると考えられている仕事の一つです。

学期末の残業の主たる原因であり、「どうしても終わらないから持ち帰って、うっかり個人情報流出」という大きな不祥事の原因にもなっています。

ここへの取り組み方を見直すことは、大きな意味があります。


結論から言うと、通知表作成、特に所見欄にやたらな時間をかけてはいけません。

指導案と同じで、何のために書くか、読み手のニーズは何かが大切です。


小学校の場合ですが、通知表の主な目的は、保護者に学習状況を把握してもらって今後について考えてもらうことと、子どものモチベーションアップです。

たとえ「ここができていない」と伝えるとしても、そこから上げるために伝えます。

相手に「最後通告」をするためのものではありません。

そこで、「読み手がどこを見るか」が大切なのですが、ダントツの一番は「評定」欄です。

3段階評価であれば、得意教科に「3」がつくかどうかです。

まして「1」があるとなれば、説明が要りますから、つける方も真剣です。

この「評定」欄がきちんと納得いくようにつけられているのであれば、通常、保護者と子どもから文句は出ません。

良い評定をつけた場合は「今回、よく頑張ったね」というメッセージが伝わります。

厳しくも辛口の評価の場合は、「次は良くなるから頑張ろう」のメッセージです。


しかし、成績処理に時間をかけすぎる人の中には、この力の入れどころを間違えている人もいます。

生活や学習について記述する「所見」欄に命をかけてしまうのです。

もっというと、評定しない「外国語」や「総合的な学習の時間」の記述に命をかけます。

そこは、やったことの事実が素直に書いてあればそれでいいのです。

そこに関して熱く伝えたいことがあるなら、通知表以外の場で十分です。


身も蓋もない事実を言います。

あなたの書いた通知表の所見欄が直されるかどうかは、正しさどうこうではありません。**その時の管理職や教務主任の「文章の好み」に大きく左右されます。**

ある年の管理職は「情緒豊かで個性的な記述」を求めて、書き直しを命じました。次に異動してきた人は「簡潔で情緒を除いた記述」を求めて、書き直しを命じました。極端なパターンだと、この二人のタイプが同時にいて、教務主任でやっとパスしたのに今度は教頭でまた書き直し、ということもあり得ます。

つまり「こだわり抜いて所見を書いても無駄」ということが結構あり得ます。

おすすめは、とりあえず簡潔に書くことです。

その方が万人向けですし、情緒的な肉付けは後でいくらでもできます。

そこに力を入れるぐらいなら、評定で一つでもいい数値をつけてあげられるよう、普段の指導や教材研究の方に力を入れるべきです。

ここで唯一最低限守るべきラインは、誤字脱字と文法です。

パソコンの校正機能や置換機能をフル活用して瞬時に校正し、立場上一字一句厳しく見ざるを得ない教務主任や管理職の方に、余計な負担をかけないように配慮しましょう。

第2章

整理術

この章では、物やデータの整理について「捨てる」の視点から見ていきます。

「物の扱いは人の扱い」です。物の扱いが乱雑ということは、人の扱いが乱雑ということ。仕事が落ち着かないことや、同僚や子どもとの関係が落ち着かないのは、物の扱いのせいかもしれません。

環境から変えましょう。外からアプローチするのです。内面に起きていることでも、働きかけられるのは外面からです。この章で、チェックするべき点を探っていきましょう。

机の上のモノを、9割捨てる。

みなさん、自分の仕事机は、どのような状態ですか。

職員室にある自分の仕事机は、自分の仕事ぶりを年中無休で語り続けています。

ある意味、机が自分という人間の「広告塔」ともいえます。


机の上は、人目に付くのです。

管理職や同僚はもちろん、教材等を扱う業者の方、保護者、職員室に出入りする全ての人々に「公開」されているものです。

教室で仕事をしている最中も、休日でリラックスしている時も、語り続けています。

つまり、机上が自分という人間を「宣伝」し続けているのです。

これは教室に置いてある教師机も同様です。

子どもが登校して教室にいる間中、自分がどんな考えや習慣をもっているかを「宣伝」し続けています。

その影響力の大きさは、想像以上です。


さて、そういう諸々のことを含め、机上の整理整頓は、仕事をする上でのメリットが大きいのです。

机上に何もないと、不在時に新しく置かれた書類がよく目立ちます。

そうすると、迷わずに書類に目を通し、すぐ仕事にとりかかれます。

一方、机の上が散らかっていると、探し物に時間がかかります。

探し物をする時間は、「捨てる仕事術」の一番の敵です。

精神衛生上もよろしくありません。

周りの評価も下がります。

机上の飲み物をひっくり返しやすくなる上、その時の被害も大きい。

悪いことづくしです。

思い切りのいい人は、じゃんじゃん捨てます。

捨てる行為は買い物と同じで、脳が快楽を感じます。
そうすると、捨てるのがくせになり、ますます整理がうまくいきます。
いつも机上がきれいになり、気分もよくなります。
結果、仕事がはかどり、残業が減ることにもつながります。

では、どうしたら机の上の物を捨てられるのか。
それは、自分なりのルールを設けることです。
次のようなルールはいかがでしょうか。
①パソコンとよく使う文具以外、物を置かない。（道具類は全て引き出しの中へ。）
②机の上にある書類は、直ちにとりかかること。（メモも同様。）
③今日中に作業する書類のみ、クリアファイルに入れてファイル立てへ。
こうすると机の上にあるのは、新規で入ってきた書類とメモだけになります。
この状態だと、付箋紙やメモもよく目立ち、集中できます。
床にぶちまけてもいいので、まずは机の上の物を全部どけましょう。

優秀な人に頼って、書類を捨てる。

机の上の物を9割どけると、それまであった物や書類の行き場がなくなります。

そこで、まずは机の引き出しや棚の登場です。

机の右1段目の引き出しにしまってよいのは、「レギュラーメンバー」の文房具だけです。滅多に使わないような文房具や、1つで足りるのに複数ある物は、別の棚に保管しておきます。

2段目は、少しかさばる道具や辞書などを入れます。

3段目、一番下が書類入れです。ここに各種ファイルを入れるのですが、やはり1か月以内に使用する「レギュラーメンバー」だけにします。他は棚行きです。

真正面についている浅くて広い引き出しは、一時保管庫です。

1段目

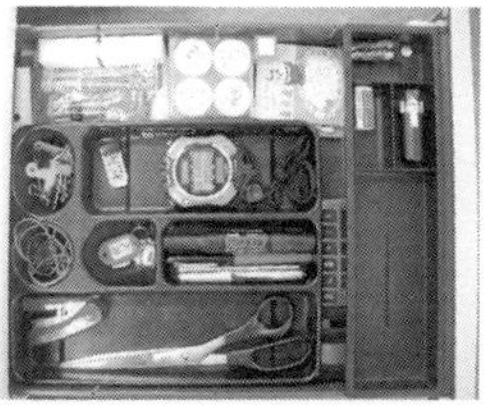

2段目

3段目

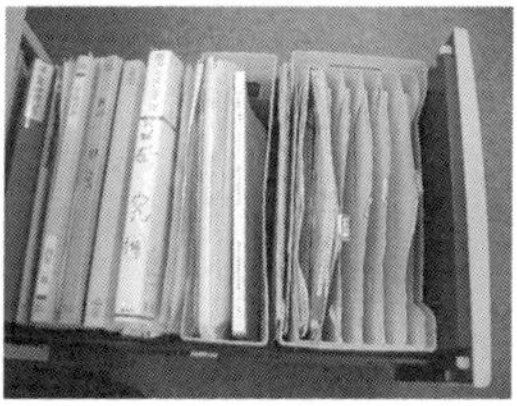

今日中は取りかからないけれど、忘れてはいけないものを一時的にしまっておきます。

例えば、他の人の返事待ち等で作業保留中のものです。

ここまでは、普通に言われていることなので、ここからが本番です。

どうやっても、書類の引き出しがいっぱいで入らなかったり、棚がファイルだらけになって、結局棚の上に積んでしまう事態になったりしていないでしょうか。

論理的に考えて、山のように積まれていた書類を、無理に小さなスペースに移そうというのですから、全て収納するのは不可能です。

そう、山ほどある「大切な」書類を、捨てる必要があります。

では、どれを捨てるか。

結論、自分の学級や研究、校務分掌で使うもの以外、全部捨てます。

職員会議の資料であっても、担当外であれば既に終わったものに関しては処分します。

しかし、善良で賢明な多くの人は、これらの書類を捨てられません。

なぜなら、それらの資料の中には「あれ、どうなっていたっけ?」というように、突如尋ねられたり、急遽使ったりという場面が「稀に」来ることを経験上知っているからです。

でも、心配ご無用。大丈夫です。

職場には必ず、整理整頓と物の保管が「超得意」という人がいます。

大抵、この人は、職場の中でも仕事が相当できる優秀な人です。（事務員さんに多いです。）

「〇〇さん、あの書類ありますか？」と聞けば、光の速さで取り出してくれます。

（ただし、頼むタイミングだけは注意を。相手が忙しそうな時には御法度です。）

あなたがこの人になれるのなら、それはそれでかっこいいですが、努力してなるものというより、天分の性質です。

努力するより恩に着て頼って、別の場面でお返ししましょう。

つまり、書類を捨てる力には、人に頼る力が必要という訳です。

人に頼るということは、その人の能力を信頼しているということです。

人に頼れないということは、自分の方がうまくやれると思っているということです。

先に捨てるべきは、つい傲慢になってしまう自分の心の方かもしれません。

また別の面として、ＩＴの時代だから大丈夫とも言えます。

紙の書類がなくても、結局データで保管してあるので、大抵捨てても全く問題なしです。

教室の机の上は、何も載せない&開放する。

職員室にいえることは、教室の教師机や教卓、棚に関しても言えます。

こちらはもっと大切で、子どもに直接影響を与えます。

机や棚の状態を見て、子どもは担任を理解し、真似ていきます。


私は過去、卒業していく子どもにアンケートをとり、「先生の直した方がいいところがあれば教えてください」という項目を設けました。

その中の一つに「前の棚の扉が開いたままのことが多いので、きちんと閉めた方がいい」というものがありました。

まさかそこが気になっているとは気付かず、大いに反省した覚えがあります。

子どもは、そんなことまで気にしているのです。

教室の前にあるものは、四六時中目に付くのだから、当然といえば当然です。

子どもの前には、すっきりとした状態の机や棚を見せる必要があります。


では、具体的にどうやるかです。

まずは、思い切って机の上の物を、一つ残らず全てどけましょう。

教室の机の上に物が載っている必要性はゼロのはずです。

では、問いかけます。

それなのになぜ今、あなたの机の上には、物がたくさん載っているのでしょうか。

それはずばり「あなたが物を載せたから」です。

当たり前すぎる答えですが、これしか理由がありません。

意図的なのです。

「よく使う物だから」とか、「こうすると便利だから」とか、「ちょっと置くだけのつもりだった」とか、色々理由を並べても、結局全て自分の選択であり、必要性はありません。

要は、机の上の環境に対し、どの程度の認識なのかが具体的に現れているのです。

「そんなことに目くじらを立てなくても」と思うかもしれません。

しかし、無駄をカットしていくと、必要なものが入ってくるので、やはり大切なのです。

机の上は、子どもたちに開放して、提出物等を直接出す場にします。

また机の上が片付いていると、子どもも近寄ってきやすいです。

椅子に座っても見通しがよく、互いの顔もよく見えて、一石二鳥も三鳥もあります。

そんな訳で、今すぐ机の上の物を全てなくしてください。

捨てられないものなら、机にしまうか、棚に持っていきましょう。

たとえ「とりあえず隠す」のであっても、机の上に堂々と載っているよりいいです。

また逆に、中には棚の中を敢えて見えるようにして、自分を伝えている人もいます。

教育書や文学の本などを並べ、どんな勉強をして、どんな本を読んでいるのか子どもに見せて伝えているのです。

これは、一つのうまい方法だと思います。

教室の机や棚は、自動教育装置です。

教師に代わって、常に子どもに教育を施してくれていると心得ましょう。

子どもと一緒に、教室で5分間の「整理整頓タイム」をとる。

子どもを見てもわかりますが、整理整頓が得意な人は少ないものです。

なぜかというと、物は日々増えるばかりで、自然に消えることはないからです。

物が増えているのに、処分しないので、やがて溢れます。

まして、学校はプリントの嵐です。

各種○○便りからチラシ、アンケートや承諾書の類まで、多いと1日で10枚近くのプリント類が配られます。

悲しいほどにぐちゃぐちゃになった学級通信やテストが、クラスのやんちゃ君の机から発掘されるのも、世の常です。


ここから導き出される一つの真実があります。

クラスに、忘れ物が多い子がいませんか？

回収物の提出率がよろしくない子どもがいませんか？

授業や帰りの会などの準備がやたら時間がかかる子どもがいませんか？

それらの原因が、机の中が整理されていないからかもしれないということです。

つまり、ここを指導できれば、これらの悩みから解放される可能性があります。

そこで一つ、いい方法があります。

気が向いた時に、「5分間整理整頓タイム」を実行するのです。

ふと気が向いた時や、時間ができた時でいいです。


やる場所も、「机の中の引き出し」「ロッカー」「筆箱の中身」など、1コーナーだけに絞って行います。

対象と時間を絞ることで、楽しみながら確実に整理整頓できます。

あまり気合いを入れて長時間行うと、疲れて嫌いになるので、5分間限定です。


これを、教師も一緒になって行います。

一緒の時間に、自分自身の机の中を整理します。

1か月何も手入れしていなければ、確実に余計な物が増えているはずです。

一緒にやるといいもう一つの理由は、子どもの気持ちがわかるということです。

子どもにだらしないと言っている割に、自分もあまり変わらないことがわかります。

忙しさにかまけて「とりあえず」で物を置く悪癖が見直せます。
また、「後で見よう」と思って集めたプリント類やテストが見つかるのも同様。
子どもも、自分に都合の悪い物は、机の奥に押し込めたくなるものです。
そういう心理にも寄り添えるきっかけになります。

子どもも教師も同じで、机の引き出しに入れておくべきものは次の3点に厳選します。
①毎日使うもの（教科書や筆箱等）
②週1以上、頻繁に使うもの（のりやハサミ等）
③今の時期だけ使うもの（コンパスや分度器、折り紙等）
これら「今大会出場選手」以外は、持ち帰らせるかロッカーにしまわせます。
なお、私の教室では辞書を頻繁に使いますが、これだけはかさばるために、机の脇のフックに袋をかけてしまわせています。

5分間の整理整頓を断続的に実行することで、精神衛生上もすっきりすること請け合いです。

デスクトップのアイコンを、捨てる。

放置されがちで、実は仕事の能率アップにかなり大切なのが、デスクトップの状態です。

教師の仕事には、パソコンを用いたデスクワークの比重がかなりあります。

ここを見ずして、教師の「捨てる仕事術」は語れません。


デスクトップ上のアイコンは、「付箋」と同じとみなします。

つまり、すぐやるべきものだけが特別に、一時的に貼り付けられている状態です。

付箋なので、終わったら、その場で捨てます。

だから、画面いっぱいにアイコンが広がっているということは、「非常事態」です。

パソコンを開くたび、「やるべきことが山ほどある」というメッセージを脳へ直接送ることになります。

それだけで、脳にとっては無意識にストレスになります。

結果、能率が落ちて、帰るのも遅くなります。

事実以上のストレスがかかる訳です。まさに無駄です。


そこで、デスクトップを綺麗にするための具体的方法です。

まず、最初は点検から。
既に終了した行事の文書ファイルなどがそのまま残っていませんか？
まず、それを然るべきフォルダに収納しましょう。
どうしても手間なら、とりあえずまとめて一つのフォルダに放り込んでも構いません。
とにかく、まずデスクトップ上からアイコンを消すのです。
今後はアイコンを「やるべき業務」とみなすため、やらないものは姿を消します。

またパソコン側の事情としても、デスクトップ上にあるものはメモリを消費します。
当然、アイコンが多ければ多いほど動作が遅くなる訳です。
要らない荷物をたくさん背負いながら動いているのと同じですから、無駄です。
相棒の余計な荷物は、降ろしてあげましょう。
これで、自分の頭もパソコンも素早く動くようになり、一石二鳥です。

さて、実際に作業するファイルやフォルダをどうするかです。
いちいち各フォルダの深層部まで行くのは、これまた移動の時間の無駄です。

直接ファイルをデスクトップ上に置かず、「ショートカット」を貼り付けておきます。そうすれば、すぐに作業に取りかかれる上、終わったらデスクトップ上からすぐに削除できます。

必要なところへワープできて、かつすぐしまえる「どこでもドア」のイメージです。

また、やるべきものが一目でわかるので、やり忘れも防げます。

また、必要な場合はファイル名に締め切り日を入れるなど一工夫すれば、期日も大丈夫です。

デスクトップ上は、ディスプレイが強い光を放つ分、意外と目立つものです。

逆に言うと、デスクトップ以外の各フォルダに関しては、ぐちゃぐちゃでも傍目には全くわかりません。

こちらの対策ついては、次項で説明していきます。

人は第一印象を大切にするからこそ、デスクトップにも気を遣いましょう。

机同様、あなたの情報管理能力や、仕事ぶりを勝手に物語ってくれます。

データの独占と仕事の抱え込みを、捨てる。

一昔前は、パソコンが個人持ちで、データも個人で保管していたため、次の担当者にいちいちデータを引き継ぐ必要がありました。

一方、今の時代、個人情報漏洩防止の意味もあり、大抵は校内ＬＡＮが設置されており、仕事用の共有フォルダが存在するものと思います。

自分の担当について「このデータを誰がどこに持っているの」などと言われるようなら、データの共有ができていない証拠です。

特に校務分掌の仕事などは、校内の職員全員が誰でも常に閲覧できる状態にしておくことが望ましいでしょう。

個人で仕事内容を抱え込むことを「仕事のブラックボックス化」といいます。

自分自身の存在の重要性をアピールし、「あなたがいないと困る」と言わせたい人には、うってつけの方法です。

しかし、「捨てる仕事術」において、この自己中心的個人プレーはまさに無駄の塊。

以下にその理由を述べます。

まず、他の人の仕事に無駄を生じさせます。

紙ベースの情報よりもデータの方が、検索速度が早いため、データで見たい人がいます。

こうした人たちに、いちいち「どこにあるの?」と尋ねさせ、探させることになります。


次に、突然自分が入院するなど休んだ時に、不都合が生じます。

仕事もデータも共有されていれば、スムーズに他の人が引き継げます。

休んでも、代わりに提案してもらうこともできます。


さらに、次年度の人にも悪影響を与えます。

次年度にその仕事の担当者が、途中でその仕事をやる時、データが誰でも見られる場所にないと「誰の担当だったっけ?」から始めなくてはなりません。

データが共有されていれば、即仕事に取りかかれる上、前担当者を探す手間も省けます。


さらに、異動の時にも一手間です。

きちんと共有フォルダにデータが置いてあれば、何もいじる必要はありません。

引き継ぎ書1枚で済みます。

これが、自分のパソコン上のフォルダで作業する癖がある人だと、ほぼ確実にデータの「引き継ぎ漏れ」が出ます。

次の担当者の人は大変困ります。

なぜなら、相談しようにも前担当者がその場にいないからです。

電話等で問い合わせても、本人は引き継いだつもりなので、データが見つかりません。

仕方がないので、次の担当者が紙を見ながら、一から作り直さないといけないのです。


この時、次の担当者は、仕事にだらしない前担当者に対し、憤りを感じています。

こんなところで恨みを買っているとは、本人は夢にも思わないでしょう。

データ一つで、無駄な敵を作ることにもなりかねないということです。


仕事は、個人のものではなく、学校全体のものです。

様々な無駄をなくすため、データも抱え込まずに、必ず共有するようにしましょう。

お気に入り以外は、捨てる。

仕事道具は、仕事環境そのものです。

特に職員室の机の上の物は、教師にとって教室以外で最も身近な「環境」といえます。

机の上にあるものとして、パソコンもそうですが、文房具も結構重要なアイテムだと思います。

いつもらったか記憶にないようなどこかの店名の入ったペンと、書き慣れたお気に入りのペンとでは、仕事のはかどり具合が違います。

デスク上で用いる物は、できるだけ好きなもの、お気に入りの物だけにします。


好きな物に囲まれる、というのは大切です。

デスクの上に、さすがに食べかけのカップラーメンが乗っている人はいないと思いますが、その環境において仕事のテンションが上がるとは思えません。

それよりも、すっきりとしたデスクの上に、お気に入りの小物が一つ乗っていれば、それだけで少しテンションが上がります。

家族の写真が入った写真立てを置いている人もいるかもしれません。

大好きなアイドルや歌手、スポーツ選手の写真だって構いません。

綺麗な一輪の花を飾るのもいいでしょう。（私は花瓶を倒しやすいのでやりませんが。）
人気メンタリストのDaiGo氏は、仕事デスク上に鏡を置くことを推奨しています。
とにかく、テンションの上がるものだけを一つか二つに絞って置きます。

私の場合、文房具や整理整頓グッズそのものが好きなので、時々新しい物を買ってきては使用したり設置したりしています。

写真のペン立ては、斜めになっているので取り出しやすいのがポイントです。

ペンと鉛筆の他に修正テープやスティックのりなど、よく使うものを入れてあります。

付箋置きもあるので、さっと取り出して書きやすく、お気に入りです。

長く時間を過ごす場所ほど、好きなものだけにしていきましょう。

車通勤の人は、車内で好きな音楽を聴いたり、車を綺麗に磨いていたりするはずです。

電車通勤の人は、服や靴、鞄等の持ち物が大切です。
自分自身を包んでいて、周りにアピールしている物だからです。
どうでもいい格好で通勤せず、お気に入りに身を包みましょう。
周りの評価よりも、自分で納得いく格好であることが大切です。

そのためには、服もどんどん捨ててしまいましょう。
その服は、本当に着ますか。
シーズンが来たのに一月以上袖を通さないものなら、捨てても問題ありません。
服を捨てれば捨てるほど、服を買う時に、無駄がなくなります。
「これは通勤で使えない」という基準がはっきりします。
結果、毎日お気に入りの服だけを着て通勤することになります。
担任の教師が、小ぎれいな格好をしてくれていたら、子どもも悪い気はしません。
クラスの子どもの環境のためにも、服を捨てることは意味があります。

第3章
人間関係術

　この章では、職場での人間関係について「捨てる」の視点から見ていきます。

　多くの人の残業の主たる原因が、ここの「捨てる」ができていないことにあります。残業している同僚や管理職の目を気にして、仕事をしている「ふり」「つもり」になっていませんか？　よく見ると、専念すべき残業時間をおしゃべりに費やしていませんか？　「ドキッ」とした方、それは時間の使い方というより、人間関係についての「ものの観方」に改善のヒントがあるかもしれません。

　「捨てる仕事術」的人間関係の在り方について考えていきましょう。

「自分がいなきゃ！」の思い込みを、捨てる。

「顔、真っ赤だよ？熱あるんじゃないの？」
「大丈夫です。熱冷ましの薬を飲みましたから。」
「今日は帰った方がいいって。クラスのことはこっちに任せて。何とでもなるから。」

こんな会話が隣の机で聞こえてきます。実に温かい同僚に恵まれています。

結論から言うと、こんな時こそ同僚に頼り、お礼を言って速攻で帰るべきです。しかし「責任感の強い」人の口からは、次の言葉が続いて聞こえてきます。

「いえ。私がいないと、ダメなんです。」

熱を押して頑張る私。それを心配する周りの人々。それでも頑張る健気な私。それはクラスの子どもたちのため。部活の子どものため。はたまた学年の先生たちに迷惑をかけないため。

責任感のある私。若い時ほどやってしまいがちな「イタい」台詞です。

熱があるのに真っ赤な顔でハアハア言いながらの出勤。本人にそのつもりがなくても、「私頑張ってますアピール」に見えます。周りの人からすると、正直かなり面倒です。そんなことよりさっさと病院へ行ってきてくれと思われています。同僚はみんな優しく言ってくれていますが、中には「私にうつさないでね」と思っている人もいるでしょう。まして、子どもにうつしたら最悪です。子どもたちも親に何と伝えるかわかりません。ずばり、体調の悪い人に頑張られると、学校組織として大変迷惑なのです。

「頑張る」というのは教員に限らず職業人にとっては当たり前のことであり、何ら褒められることではありません。そもそも、「頑張った」結果として体調を崩してしまったら、その時点でプロとして失敗しています。無謀な残業や乱れた生活習慣をはじめとした「体調を崩した原因」に立ち戻って反省すべきであり、今は治療に専念すべき時です。

学校というのは、チームです。一人がケガをしたり調子が悪かったりしたら、代わりが出場するチームスポーツと同じです。通常、自分の代わりが効かないということは有り得ないことです。仲間を信頼していれば「頼んだ!」「任せろ!」となるのが本当のチームです。「自分がいないとダメ」と豪語するチームメンバーがいたら、どう思いますか？

「私」という字の成り立ちは、稲を自分だけで抱え込んでいる姿といわれています。反対の字が「公」で、「私」で抱え込んだものをみんなのものとしていることを表す字です。

この「熱があるのに頑張る私」は、まさに「私」そのもの。学校、クラス、部活、そして子どもという「公」を、私物とみなしている姿です。

「私が休んだらクラスの○○君が大変なんです。」

その気持ちはわかるのですが、そんな学級経営の仕方では正直困ります。自分が担任として見られるのは一時期のみです。「公」のあらゆる仕事において、「私じゃないとダメ」というのは、自己満足であり、後々迷惑なことだと心得ます。仕事は共有化が基本です。

また病気は、生活の仕方を見直しなさいというサインでもあります。普段の自分自身の健康や、同僚の有り難みを知るチャンスでもあります。休んで元気になったら、思い切り恩返しをしましょう。「自分がいなきゃ」の思いは、きっぱりと捨てる。「頼みます」が言えるのは、文字通り仲間を信頼している証拠です。信頼して任せ、ゆっくり休みましょう。

付き合いの二次会には、出席しない。

第1章に続き、また飲み会の話ですが、「捨てる仕事術」の人間関係編においても飲み会は大事なポイントなので取り上げます。

公式の場の飲み会で二次会が設定されていることがあります。

あなたが若手なのであれば、基本的には参加でよいのですが、「行きたいかどうか」を考えることは、今後の社会における働き方を考える上で重要なポイントです。

付き合いで行くだけなら、二次会は皆勤である必要はありません。

現に、子育て中の人や介護中の人などは、堂々と一次会だけ出席して帰るはずです。

職場の忘年会等の行事としての一次会は、完全に仕事の内です。

歓迎会と送別会に至っては、行きたいかどうかなど関係ありません。

それぞれ挨拶と感謝の場ですから、健全な職場の人間関係としても必要不可欠です。

喜んで出席して、大いに場を温め、同時に人間関係を温めるべきです。

そういう意味で、一次会では積極的にたくさんの人と話すべきです。

料理を楽しんでもいいのですが、それ以上に関係性の薄い人とつながるチャンスです。

一次会だけだと短すぎて、二次会に行くと帰るタイミングを逃すという声を受けて、一次会を少し長めに設定したこともあります。

仕事としての一次会をどう過ごすかは、全員にとって大切なのです。

しかし、公の場としての二次会は、本来必要ありません。

二次会は仕事を離れ、砕けた雰囲気で話したい人と個人的に話す場です。

少人数のグループで十分です。

明け方までその人たちと飲み明かしたい人は、そうすればいいのです。

ただ、あなたが無理にそれに付き合う必要はありません。

本当にゆっくり話したい相手なら、どこかの週末にでも誘えばいいのです。

昨年、東大出の新卒で電通に就職した女性が、自ら命を絶つ事件がありました。

報道によると、連日、残業後の飲み会に半ば強制的に参加させられ、相当に嫌がっていた様子がうかがえます。

行きたくない飲み会に深夜から早朝まで強制参加させられた上に、先輩方に仕事のダメ出しをされていたというのですから、心身ともに疲弊するのは間違いありません。
なまじそういう経験を乗り越えて強い立場に上がってきた人がいる職場は、話が余計ややこしいものです。

あなたが職場で先の例のような「先輩」のポジションにある場合、若手にはいない方がいいと思われていることもあるので要注意です。

ちなみに管理職で尊敬されるタイプの一つが、二次会にお金だけ置いて立ち去る人です。私の思い出の校長先生は、一次会が終わるとほんの少しだけ二次会に来て「俺は嫁さんが迎えに来る時間だから、悪いな。」と言って、お金を預けて立ち去っていました。ダンディです。ダンディすぎます。

この校長先生は本当に慕われていた人で、みんな帰ってほしくはなかったのですが、逆に言えばそういう人柄の人だからこそ好かれていたとも言えます。

管理職などで嫌味なく堂々とお金を出せる立場になったら、真似をしたい行為の一つです。

二次会は、あなたがいなくても成り立ちますので、本当に行きたい時だけで十分です。

「いい人」である
ことを、捨てる。

気遣い、思いやりは、大切です。

しかし、度を過ぎると、過労の原因になります。


結論から言うと、無理を言われたらいい人ぶらずにはっきり断ろうということです。

これは同時に、あなたの本質部分には怠け者や見栄っ張りや自己中心性が住んでいて、それを認めていくということになります。


この仕事の怖いところは、新卒にして職場に多くの年下の人がついて「先生」と呼ばれるところです。

このせいで、何かと勘違いしやすいのです。

大学出たてで、社会的にそんな立派な立場のはずがありません。

10年やっても、一般企業や職人の世界ではまだ「下っ端」ということだってざらです。

「先生」と呼ばれていると、何となく自分が立派に思えてくるのが恐ろしいところです。

そんなに立派な人物ではないのだから、無理なことは無理と言いましょう。

何でもかんでも引き受けて、終業時刻を過ぎていきなり頼まれた仕事をスマートに仕上げるほどの能力はもっていないのです。

仲間に嫌われたら生きていけないと思うかもしれませんが、教師の職場は異動が多く、今いる人と7年どころか3年と一緒に過ごせません。

まして異動の多い管理職相手であれば、多くは1年から2年程度でお別れです。

「その短い時間をこの人のために捧げたい！」と憧れるような相手ならそれもよしですが、逆のパターンなら、適当に距離を置いて受け流すのがベストです。

出会う人全てが師であっても、自分にとって「いい人」とは限らないのです。

相手にとってのこちらも同じなので、「わがまま」と思われても、距離を置かれるだけです。

実際、わがままな方が、ストレスは溜まらないものです。

いい人を演じてストレスを溜めて倒れては元も子もありません。

世の中には、真の「いい人」が存在します。

滅私による奉仕に生き甲斐を感じる神様のような人がいます。

マザー・テレサは、その文句なしの好例です。

その行為は、もはや神様にしか見えません。

しかし、自分がそれになろうとすると、無理があります。

例えば、誰もやりたがらない雑用や辛い仕事を自分が引き受けたとします。

それ自体はいいことかもしれません。

しかし「いい人」に見られようとしてやるのであれば、本末転倒です。

それが「自分を磨くため」「世のため人のため」と思ってやり甲斐をもてるならば、大いにやればいいでしょう。

ただ、自分を振り返った時に、どういう動機でやっているかは、見極める必要があります。


求められる全てに応え、頑張る姿を見せるのは、やめましょう。

みんなを好きになって、好かれたい、良く評価されたいという思いは、捨てましょう。

そんなことより、早く帰って自分のための時間を使い、自分を労りましょう。

自分でエネルギーチャージをしたあなたは、翌日にはもっといい仕事ができるはずです。

「好かれたい」の気持ちを、捨てる。

当たり前のことですが、みんな人に好かれたいです。
嫌われていいなんて、かなり変な奴です。

しかし、「捨てる仕事術」を身に付けるためには、この思いは捨てる必要があります。
「普通」にしていたら、今まで通りの残業生活が待っているからです。
そのために「普通」「常識」を疑ってみます。

例えば、人を嫌ってはいけないという「常識」的前提があります。
これ自体はいいのです。
ただ、人を嫌わないということと、行為を嫌わないということは別物です。
「罪を憎んで人を憎まず」という言葉の指すところです。

嫌なものは嫌ということを認めましょう。
それなのに、「私は教師なんだから」「社会人なんだから」「大人なんだから」と、立場で理由付けをして感情を否定していないでしょうか。

そうやって自分を否定するのが一番よくないことです。

その人を嫌わないまでも、嫌いな行為は嫌いです。

それは嫌と言ってよいのです。

あなたが誰かを傷つける権利がないのと同様に、誰にもあなたを傷つける権利はありません。

嫌なことを嫌と言わないから、ストレスが溜まります。


私は、かなりはっきり「嫌」を態度と言葉に出す方です。

「何それ？けんか売ってる？」とか「今の言葉、すっごい嫌。」とかはっきり言います。

大人げないことこの上なく、一社会人として、いいとは思えません。

しかしこの態度は、割と誰に対しても一貫して同じです。

大人と子ども、年上と年下、男女等、立場に関係ありません。


唯一の例外は、保護者です。

接触する機会が少なすぎるので、ダイレクトな物言いでは意図が伝わらず、関係性が保てない可能性が高いです。
また保護者との関係は、他の人間関係と違います。
他の人間関係なら、合わなくてもそれきりで、とりあえず一旦打ち切れます。
しかし保護者は顔をあまり合わせない割に、1年間は毎日間接的に続く人間関係です。
ここがうまくいかないと、結果的に間にいる子どもが犠牲になります。
つまり、ここの関係性が悪くなるのは、仕事の目的に反します。
よって、ここだけは「嫌われてもいい」発想はなしで、言い方を考えます。

年の近い仲間同士ではっきりものを言うと、けんかになることもあります。
しかし実際、真正面でけんかできる位の相手の方が、関係性が良好になります。
良好な人間関係は、「裏」が少ない方がいいのです。
勇気を出して「素」を積極的に見せていきましょう。
いつまでも空気を読んでいたら、嫌われない代わりに、好かれることもありません。
『嫌われる勇気』という本がベストセラーになりましたが、理由が頷けます。
嫌われる勇気が必要なのと同様に、嫌う自分も認める必要があるでしょう。

「ずるい人」との付き合いを、捨てる。

世の中には、一定数「ずるい人」が存在します。

他人を文字通り「利用」して、自分だけ楽をしようという人です。

面倒という理由だけで仕事を振ってくる先輩や、責任逃れのために色々とけちをつけてくる管理職など様々です。（後輩の場合は、そもそもこっちが仕事を振る側なので除きます。）

逆に、成長させようという意図で、敢えて面倒な作業や難しい提案などの仕事を振ってくる先輩や管理職の方もいるので、その見極めが大切です。


見極め方は簡単で、授業等で子どもがけがをした時や、学級が荒れた時、保護者からのクレームがきた時など、本当にピンチの時に助けてくれるかどうかで判断できます。

逆に、普段は口当たりのいいことを言っていい顔をしている割に、ピンチの時には責任を押しつけてくるようであれば、その人は完全に「ずるい人」です。

仕事として必要最低限の付き合いをして、後はすっぱりと切りましょう。

命令としての職務以外のお願いを聞く必要もありません。

そこに対しては、ドライ過ぎるぐらいでいいです。

ずるい人に好かれ、「便利な人」になれば、日々の残業と苦しい日々は必至です。

何でも引き受けて全力を出して働くということと、仕事の成果を出すということは、イコールではありません。

恐らく、あなたの憧れの先輩は、他人に媚びたりせず、自分の仕事をばっちりこなしながら、自然に人を助けている人物ではないでしょうか。


そんなあの人に近付くために、やるべきことがあります。

それには、まず「自分の仕事」をきちんとやるという当たり前のことです。

具体的には、学級で子どもと向き合って話を聞くとか、授業の準備をするとか、提出物の締め切りを守るとか、割り当てられた校務分掌の提案をするといったことです。

好かれるようにと愛想よく他人の仕事を請け負うより、自分の持ち場をしっかりと守ることの方がよほど大切です。


そういう「当たり前」のことをしっかりこなすためには、ずるい人からの依頼を断る必要が出るのです。

では、ずるい人から離れるには、どうしたらいいのでしょう。

本当は「こいつには敵わない」と思わせられれば一番ですが、なかなか難しいことです。

それなら「言っても聞かない」と思われることが一番手っ取り早い方法です。

なびかない、媚びない姿を見せるしかありません。

その好例が、学級で手のかかる子どもや、扱いにくい後輩です。

そう、あなたの言うことを聞かないあの子、あの後輩です。

あなたの「師匠」になってくれます。

多くの教師に「わがまま」「扱いにくい」と評されてしまう子どもの多くが、実は単に教師の側の力量不足で扱えないに過ぎません。

力量のある人物には、その子どもたちだってついていくのです。

そして、その能力を大いに発揮します。

能力がないのではなく、教える側が扱い方を間違っているのです。

だから、その子どもたちの「自己防衛手段」を真似てみましょう。

無言対応、返事だけはいい、反省したふり、のれんに腕押し、色々あるものです。

「挨拶は当たり前」という誤解を、捨てる。

このタイトル自体、誤解を生みそうなので、先に結論を述べます。

職場で出会う誰に対しても、挨拶をきちんとするようにしましょうという提案です。

なぜなら挨拶は、整理整頓と同様、立派な仕事の一部だからです。

仕事を円滑に進めるための大切な手段の一つでもあります。


ではここで何を捨てるかというと、「挨拶ができるのは当たり前」という思い込みです。

きちんとした挨拶は、大人になってもごく一部の意識の高い人にしかできない、習慣化が非常に難しいハイレベルな行為なのだと自覚することです。


挨拶は、元々禅語で、問答を交わし合う行為を指します。

つまり、互いに相手を一人の人間として認識し合う行為です。

一緒に働く相手がロボットだったら、別に挨拶をしなくても構いません。

即ち「挨拶をしない」ということは、相手を人間として認識していないということです。

「いい人」に見られようとする挨拶は、気持ち悪いです。そうではありません。

職場での挨拶は「今日もよろしくお願いします」という謙虚な気持ちからするものです。

「おっちょこちょいな自分のことですから、多分色々と不手際が出ると思います。今日もご迷惑をおかけします。」という「先取りの謝罪とお願い」に近いです。

だから、相手が爽やかに返してくれようが無愛想だろうが、どちらでもいいのです。

あくまで自分が主体となって挨拶をして、仕事を円滑に進める準備をしているのです。

それぐらい割り切って、謙虚に、相手の目を見てしっかりと挨拶をします。

「挨拶はそんなビジネスライクなものじゃない。誰にでも気持ちのこもった挨拶をすべき」という意見もあるでしょう。

道徳的に正論すぎて、反論の余地はありません。

しかし、誰にでも気持ちをこめるというのは、その都度相手によって「判断」が生じます。

「無視されたらどうしよう」という余計な心配や「この人は返さないことが多いからどうしようかな」といった余計な迷いが生まれるのです。

「挨拶は、誰が相手であっても自分からする」と割り切ります。

判断は「意志力」を消費しますから、余計な判断が生じてはいけません。

フェイスブック創業者のマーク・ザッカーバーグが、意志決定の回数を減らすために同じ服を毎日着ているというのは有名な話です。

それを挨拶に当てはめて考えてみます。

毎朝職場で子どもを含めて100人出会うとして、挨拶をすべきか否か、また、どんな挨拶をすべきか、100回以上の意志決定をすることになります。

無駄です。無駄すぎます。その意志力はもっと大事なことに注ぐべきです。

「相手が誰であろうが、朝職場で会った人にはきちんと挨拶する」と自分ルールを設けておけば、判断自体がなくなり、意志力を無駄使いせずに済みます。

相手の状況を読んで挨拶が遅れるぐらいなら、空気が読めないで大きすぎる挨拶をするぐらいの人の方が爽やかです。


まとめると、状況を読んだ挨拶は大変に難しいのです。

子どもはもちろんのこと、大人も含め、みんな上手にできません。

だからこそあなただけは、相手がどうとかいちいち考えず、さっさと挨拶しましょう。

管理職には「ほうれんそう」より「そうれんほう」

管理職など自分より上の立場にある人との関係づくりについて述べます。

ずばり、管理職とはある程度の距離感をもった関係がいいでしょう。

同じ職場の中で、校長は唯一明確に「職務上の命令」ができる立場にあります。

自分に命令を下す相手と同等な訳がないのですから、馴れ馴れしすぎるのはＮＧです。


相手の立場で考えた時、部下に何を求めるかを見極める必要があります。

よく言われるのが、上司には「ほうれんそう」が大切という言葉です。

上司にすべき「報告」「連絡」「相談」の頭をとった言葉です。

ただ、実際の職場で素直にこれに従うと、色々と不都合が生じます。


まず、上の立場の人は、部下の各種提案に目を通さなければなりません。

部下が徹夜して仕上げたという力作の提案文書を「できました」と「報告」してきたとします。

これが、全く不出来ということはしばしばあります。

そうなると「やり直し」を命じなければなりません。

部下の頑張りを知っているだけに、言いにくいでしょう。
部下の側も、不承不承その言を受け取ります。

そこでまずは直すのですが、色々と時間がかかるので、上司の側が「どうなっているのか」と尋ねてくるので「連絡」します。
「今はこれこれこういう進捗状況です。」と伝えます。

そして、直している最中に、どうしていいかわからなくなります。
煮詰まって、ついに「相談」します。
すると、「こうするといいよ」と初めて上司の思うアドバイスが出てきます。
言われる側も、「ああ、最初からそうしたらよかったんだ」と納得です。
（悪い場合は「なら最初からそう言ってくれ！」と心の中で叫んでいます。）

そこで、また途中経過を「連絡」して、出来上がって「報告」して完了です。

このプロセスを見れば、無駄に気付くと思います。

そう、前半部分は、全く不要なのです。

最初から後半の手順でいけば、全く無駄がなく、相手への負担も半分で済みます。

文書になっていない最初の段階から「相談」して大体の方向性を見極めます。

途中経過を「連絡」して軌道修正をかけます。

できあがったものを「報告」すれば、高確率でOKが出ます。

なぜなら、最初から上司の望む方向性に進んでおり、相談・連絡を受けながらやったからには、作らせた自分自身の責任も感じるからです。

この「そうれんほう」の手順が、双方にとって負担が少ない方法です。

管理職との関係を良好にしたいなら、ただでさえ多忙な相手に余計な負担をかけないことです。

部下には頑張ることよりも、成果を期待していることを忘れないようにしましょう。

第4章

教師力

この章では、身に付けるべき教師の力について「捨てる」の視点から見ていきます。

新卒で療養休暇に入ったまま辞めてしまったり、学級崩壊の憂き目や保護者対応に疲弊し倒れたりしていく、未来あるはずの若手。大切なことを、事前にきちんと学べているのでしょうか。即戦力が求められる昨今、新卒だろうが30年のベテランだろうが、担任する子にとっての大切な一年間です。うっかり手痛いミスをすれば、厳しく追及される時代。教育に関する基本的な技術や知識は、全ての教師に今すぐ必要です。

教師の腕を磨く学び方について述べていきます。

教材研究のネット依存を、捨てる。

今やネットであらゆる情報が手に入るようになり、教材研究もぐっと楽になりました。

しかし、ここでネットに「依存」していないかには注意が必要です。


インターネットのよさは、莫大な情報量と検索性です。

指導案一つをとっても、そのまま使えるようなものが無数に転がっています。

これを使えば、指導案もあっという間に完成……ということにもなります。


実は、この手軽さ&安直さが、成長の大きな妨げになります。

想像してもらえばわかると思いますが、あなたの担当する教育実習生が、ほぼ全てコピー&ペーストで指導案を「作って」持ってきたとします。

この実習生は、これで授業の技量が上達すると思うでしょうか。

答えは火を見るより明らかです。

万が一うまくいったとしたら、長い目で見て、より不幸なことです。

実習生の指導案づくりの本来の目的は、指導案そのものを完成させることではなく、教材と本気で向き合って、自身の指導を客観的に見つめる力をつけることだからです。

では、現職の教師の場合で考えると、どうでしょうか。

この場合、指導案作成の意味は全く異なります。

前提として、指導案がなくても、通常の指導はできるのです。

より深い指導のための「研究」です。

実社会で問題になるように、「研究」が「コピー&ペースト」でいいはずがありません。

自分の手と足を使って試行錯誤し、身銭を切って学ぶところです。

インターネット上で全て終了するようなものなら、その程度の価値ということです。


もし本気で教材研究をしたいなら、インターネットで有用な一次情報を得た後は、すぐ本屋に行きましょう。

本のよさは、情報がまとまってあることです。

書いている側も、お金を払ってもらって読んでもらう意識のため、無料で提供する情報とは気合いの入り方がひと味もふた味も違います。

また、本屋の棚でねらっていたものとは違う意外な情報を手に入れることもあります。

図書館でもいいのですが、身銭を切って本気になれる本屋がおすすめです。

そして本屋で終わらずに、次の段階に進みましょう。

例えば、「100均」やホームセンター、電気屋等に足を運び、「モノ」を手に入れます。

こういった場所は、アイデアの宝庫です。

モノの用意は、手間がかかるようで、実は授業成功への近道です。

「モノがなければ理科じゃない」「資料がなければ社会じゃない」とも言われるように、モノがあることが成立条件の一つです。


自分の手足を使って動けば、必ず何かしらの発見があるはずです。

特に体育なら、その運動を自分でやってみることが必須条件です。

私は「こうもり振り降り」ができなかったので、教えるために必死で練習しました。

すると、運動のコツや困難さを体験でき、教える時にも子どもに共感できました。


ネットは便利で頼れるからこそ「依存心」は捨てましょう。

ネットに使われるのではなく、強力な相棒として使いこなせることが大切です。

教材研究ができない言い訳を、捨てる。

「捨てる仕事術」では、仕事の効率化を目指します。

ここで一つ考えるべきこととして、多くを捨てるとは、捨てない少数を大切にすることでもあります。

例えるなら、バーゲンセールで衝動買いしてしまった「イマイチ服」はきっぱり捨てて、少数精鋭の「ワードローブ」にはお金をかけて着回すということです。

無駄なことは捨てる＝大切なことに時間をかける、ということです。


では、教師にとって毎日の本当に大切な仕事とは？

ずばり、教師の仕事の中心は、授業です。

それも、公開研究会などの特別な授業ではなく、日常の授業です。

（公開研究会は教師の側の都合で大事だと思っているものであり、子ども側にとっては決して大事ではありません。むしろ、「普通にやって」と思っている可能性があります。）

「毎日教材研究をすることで早く帰れる」という逆説的な現象を起こします。


どういうことかというと、時間を決めて毎日教材研究をするのです。

「毎日5分」と決めたら、それだけを当てます。

コツは、確実に続けられそうな短い時間設定にすること。

それ以上やるかどうかは、その日の気分次第。

しかし、5分のノルマは、気分に関係なくやります。

「毎日たかが5分？」と侮ってはいけません。

世に出回るダイエットを見てください。

「毎日たったの5分でこの効果！」を、どれだけの人が続けられるでしょうか？

5分を毎日続けるというのは、強い「決断」がいることなのです。

何を「断つ」のかというと、「今日は○○だからやらない」という言い訳です。

雨が降ろうが槍が降ろうがやると決めたらやります。

「できない言い訳」自体を捨てるのです。

長い時間取り組むのではなく、長い期間取り組むことが大切なのです。

だから、「短い時間設定」と「やる時刻の設定」が大切です。

「子どもを帰して職員室で椅子に座ってからの5分間」のように、毎日確実にやれる時刻を設定します。

5分しかないと思うと、集中できます。

ダラダラ残業の原因の最たるものは「まだまだ時間がある」という誤認なのです。

さて、やり方ですが、ノート、または書き込めるタイプの大きめの手帳を用意します。

［ちなみに私は『スクールプランニングノート』（学事出版）というものを使っています。他にも『ほめ言葉手帳』（菊池省三監修・明治図書）のように、学校の先生専用で、見開きで週計画の時間割がわかり、気付きが書き込めるタイプのものがおすすめです。］

そこに、「ねらい」「手段」「気を付けること」など、自分なりの項目を決めておき、全てに書き込むのです。

5分と決めているので、その時間内に書き込み、これをとにかく毎日続けます。

そうすると、見通しがもて、仕事に余裕ができます。

結果的に、毎日の5分の「先行投資」が、1時間早く帰るという「利子」となって返ってきます。

継続は力。

将来の豊かな教師生活に備えて、毎日5分の教材研究への投資を始めましょう。

「完璧な指導案」と「予定調和」を、捨てる。

残業の最たるものの一つが、授業研等の指導案づくりです。
指導案は、いくらでもこだわって作れるので、枚数制限等がないと、無限です。

何十ページに渡る、ものすごく分厚い指導案を作る人もいます。
その最たる価値は、自分自身の研究が深まるということでしょう。
他人に見せるつもりのものなら、そんな指導案にはならないはずです。
（ちなみに、著者が勤務する千葉大附属小の指導案は、見開き2ページ限定です。）

つまり、本人のこだわりなのです。
ただでさえ本すら読まない人が多いと言われているのに、読みたい訳がありません。
だから分厚い指導案に価値はあるのですが、それも全て本人のためです。

指導案に、完璧な完成はあり得ません。
教材研究と同じで、青天井の仕事です。
自分なりの「納得解」に辿り着くことだけが大切です。

変な話、どんなに完璧な指導案を作り上げても、全く異なる考え方の人が見たら、滅茶苦茶に言われます。

さらに言うなら、大抵の授業研は、その指導案通りに進むことを教師が期待します。

つまり、教師の求める解に子どもの解を誘導していく訳です。

これを「予定調和」と言います。

一方、理想的な授業は、教師の考える解を越えた解が出てくるものです。

具体的な例を一つ挙げます。

ある教育研修会で聞いた話です。

新美南吉の『手ぶくろを買いに』という作品があります。

きつねとわかっていたのに、手ぶくろを売ってくれた人間に対して

「人間って、ちっとも怖くない」と子ぎつねが母ぎつねに伝える場面があります。

ある授業で、これを読んだ子どもが、次のように発言したといいます。

「たった1回の体験で、人間をいいと決めつけていいのかなぁ。」

それを受けた他の子どもが
「やっぱり、親子だね！」

「何で？」と先生。

「だって、母ぎつねも1回の体験で、人間を怖いと決めつけたから。」

これらの発言に、担任教師は子どもに脱帽したといいます。


ちなみに『ごんぎつね』の授業でも、最後の場面で「ごんがかわいそう」という子が多数の中、「兵十がかわいそうだ」と発言する子どもがいます。

「だって、兵十はもうお礼を言えなくなっちゃったから。」

なるほど、これも一つの見方です。


子どもは、色々な見方をするものなのです。

教師のように先行知識がないだけに、発想が自由です。

それらの自由さの中から、誰よりも教師自身が学べます。

「完璧な指導案」による「予定調和」ではなく、「ドラマ」を目指したいものです。

授業の「効率化」を捨てる。「非効率」を見直す。

「捨てる仕事術」は、効率化の仕事術です。

これも逆説的ながら、「効率化を捨てることでより効率化する」という現象が起きることがあります。

効率化をねらうことで、逆にゆとりをなくしているということがあるということです。


例えば、時間がないからという理由で、理科の実験を省略して説明で教えたとします。これは体験が伴っていないため、子どもがきちんと理解していません。

結果、テストをやったら全然できず、再指導することになるというのがよくあります。

私の経験だと、6年生を担任した時、「地層」の学習での実地見学ができず、そこだけは写真資料で済ませました。

すると、年度末の学力検査で「地層」の問題だけが極端に正答率が低かったという苦い思い出があります。


他の例を挙げると、三角形の面積を求める公式をとにかく丸暗記させたとします。

しばらくは暗記していられるため、単元テストでの正解はできます。

しかし、他の単元を学習後、記憶に残っているかというと、かなり怪しいのです。

後で聞くと、さっぱり記憶から飛んでいたりします。

覚えていても、原理原則を理解していないため、応用できず、逆に非効率です。

「三角形は長方形の半分」ということを、色々なやり方で試行錯誤して学習した子どもは、記憶にきちんと残っています。

そういえば「ゆとり教育」の一環として「台形の面積の公式を教えなくなる」ということが世間で騒がれたことがありました。

これは全くの誤認で、真実は台形の面積公式を丸暗記させるのではなく、「台形は高さの同じ二つの三角形の面積の合計」「同じ台形二つを組み合わせると平行四辺形」といった原理・原則の理解を重視することをねらったものでした。

つまり公式化という「効率化」よりも、遠回りでも原理・原則を理解できるようにするという「非効率」を選んだ訳です。

結果的には、公式を丸暗記するよりも理解して記憶に定着します。

他にも「1㎡＝10000㎠」というのも、丸暗記するより「縦100㎝×横100㎝」という原理・原則を理解することで、使える知識になります。

つまり、「一見非効率」の道の方がより効率的なのです。


どちらも、結果的に回り道した方が結局は効率的だったという例です。

「急がば回れ」が、正しい場合もあります。

また、正しくない場合もあります。

すっと答えを教えた方がいいものもあるのです。


何が能率的で、そこでできたゆとりで、何をしたいのか。

そこを明確にする必要があります。

丸暗記をさせれば時間的なゆとりはできますが、そこでさらに暗記をさせて詰め込むような真似をするのであれば、本末転倒。

川の激流の中に入って強引に横切るより、一見手間でも橋を1回かければいつでも安全に渡れるのです。

効率化をねらうより、非効率を見直す。

休み時間に子どもと遊ぶ・話すことで、授業がうまくいくというのも、同じ原理です。

「教材研究」を一度やめて、「素材研究」をする。

オリジナリティのある授業をしたい。

教師ならば、当然考えることです。


ところで「オリジナリティ（独創性）」の語源を知っていますか。

正解は、オリジン（起源）。

つまり、独創性を発揮させるためには、素材そのものを深く理解していることが大切になります。

何より基礎基本が大切ということです。


これは、授業でも当てはまります。

「授業名人」の授業を見ると、実に単純明快で、すぐにでもやれそうな気になります。

それで実際に自分でもやってみると、全然うまくいかないものです。

こういうことはよくあります。


授業で見える部分は、いうなれば氷山の一角。

簡単にやっているように見えて、見えない部分がとても大きいのです。

これは「教材研究」以前の「素材研究」の深さが違うのです。


「教材研究」が教材として教える内容を研究するのに対し、「素材研究」は教材として見る以前に、一人の人間として行うものです。

具体例を挙げると、「金子みすゞの詩を国語の授業でどう扱おう」と考えるのが教材研究。金子みすゞの詩の世界にどっぷり浸り、自分なりの疑問をもつのが素材研究です。


素材研究をしっかりとすると、対応の厚みが違ってきます。

子どもの言動の「予想外」がぐっと減るので、本当に価値のある発言に気付けるのです。

また、表面的な理解であることも見抜けるので、浅いと思ったらつっこんだ対応ができるようになります。

わざと間違えるとか、意見が割れる発問をするとか、高度な対応ができます。

そしてそれらの発言を、最終的に束ねることもできるようになります。

逆に素材研究が浅いと、「予想外」の発言にひっかき回されることになります。

または、「宝石の原石」の発言の価値に気付けず、捨ててしまうこともあります。

「教材研究」だけだと、本線から全く外れられない、まさに指導案通りの授業にしかならないのです。

（そこにすら至らないことも多いですが。）

家なら、土台（基礎）。

木なら、根っこ。

何でも、見えない部分が見える部分をがっしり支えているのです。

素材研究は、授業の「基礎」づくり。

素晴らしい実践に憧れるなら、見えない泥臭い部分をこそ真似すべきです。


やり方ですが、とにかく自分が好きと思えるものを探すこと。

本を読む、スポーツをする、旅行に出かける、映画を観る、何でも構いません。

教える以前に、自分が楽しむことが、素材研究になるのです。

早く退勤して、自分の時間を確保することが、結果的に授業力向上につながります。

月に一度は、学校社会から離れる。

休日は休む方が回復する。

そう思い込んでいませんか。

実は、これは半分真実で半分間違っています。

ぼーっとしているとしたくなるというのは真実です。

だから、休日にぼーっとする時間を確保することは有益です。

ただし、これもほどほどが大切です。

夏休みのようにまとまった時間が確保できる期間ならまだしも、通常の土日の両方をこうして過ごすのは得策とはいえません。

後々で、必ずしっぺ返しを食らいます。

最も大切なのは、リズムです。

休まないから疲れるというより、リズムを崩すから疲れるのです。

その意味で、土日も平日と同様にしっかり睡眠をとって起きることや、活動をすることが大切です。


一つのアイデアとして、休日は月に1回程度でいいので、何かしらのセミナーに参加することをおすすめします。

セミナーに参加することで、新たなネタや視点を得ることができます。

そうすると、具体的な手法を試したくなり、次の授業に意欲が湧きます。

結果、月曜日から元気に教室で過ごせるということにつながります。

疲れると思うかもしれませんが、真実は逆です。

学びに出かけましょう。

また、セミナーの種類ですが、二種類のタイプに出るのがおすすめです。

一つは、教員対象のセミナー。

明日から直接使える手法が学べます。

もう一つ、こちらがより重要なのですが、一般の社会人対象のセミナーです。

いわゆる、異業種交流をすることで、視野が広がります。

家と学校の往復だけだと、どうしても閉鎖的になります。

少し外の社会人の考えにふれるだけで、視点がかなり変わります。

例えば、少し高額なセミナーに参加すると、企業の人事担当者や経営者が参加していることもあります。

そうすると、どんな人間を採用したいのかという視点が入り、今学校教育で何が求められているのかということがわかります。

例えば「英語力が大切」というのは今の世の常識です。

しかし、実際に話を聞いてみると、英語力以上に重要なのは、自国について語れるかどうかであるといいます。

日本以外の諸外国は、愛国心があるというのが当たり前のことです。

当然、自国の歴史についてもよく知っており、誇りをもっています。

そんな国際人と互角に渡り合おうという際、自国の文化や歴史についてまともに語れないのでは、話にならないといいます。

そう考えると、産業の学習や歴史の学習がいかに大切かということもわかります。

休日は、学校社会を離れて、幅広い視野を得るための時間でもあります。

積極的に活動して、心身ともにリフレッシュをはかりましょう。

難しい本は読まない。

世の中には、難しい学術論文が出回っています。

私も「教育基礎用語辞典」のような本を「教師なら読んでおくべき」と買わされたことがありますが、さっぱり読めませんでした。

ある「偉い」教育学者の方が「読むべき」と紹介していた分厚い本も買いました。

五千円ぐらいしましたが、結局読めずに捨ててしまいました。

なぜなら、こう言っては何ですが、つまらなかったからです。


まずは、わかりやすい本から学ぶ必要があります。

何十年も教育に関する研究を積み重ねて勉強してきた人なら、難解な学術論文のような文章も読めるかもしれません。

しかし、初任者が読む入門書としては、かなり厳しいのが現実です。

「読みやすい」「面白い」というのは、教育に関する本を読む習慣がない人にとって、かなり重要な要素です。

ベテランの先生方が読んだら、「何だそんなこと」と思うような内容でいいのです。

経験の浅い内は、「何だそんなこと」も、知らないのです。

それを教えられないまま、初任からいきなり学級担任になるのが今の学校制度なのです。

自分がそうだったからわかります。

若い時に教えてほしかったことが山ほどあるのです。

少し知っていただけで、余計に苦しまないで済んだであろうことがたくさんありました。

教育への目が厳しいこの時代、失敗がリカバリーできないことが多いのです。

そして、若手が異常なほどに多く、そこを教える中間層がすっぽり抜けているのです。


だから、その穴を埋めるには、簡単な本が必要です。

本ほど、コストパフォーマンスが高い媒体はありません。

ネット上の動画などもよいのですが、やはり本には敵わない、というのが実際の印象です。


本を読んでみて、実際にもっと知りたくなったら、セミナーに出かけたり公開研究会に出かけたりして、実際に著者に会ってみるといいでしょう。

本の知識をベースにしている分、その指導の理論がすっきりわかるはずです。

若い内にこそ読んでおいてほしい、読みやすさ重視のおすすめ書籍を紹介します。

・『学級を最高のチームにする極意』赤坂真二著（明治図書）

教師と子ども、子どもと子どもをつなぐ人間関係づくりの基本を図解付きで学べます。

・『子どもの心に必ず届く言葉がけの極意』西村健吾著（明治図書）

「トイレ掃除を嫌がる場合」「授業中、子どもが発表しない」など、あらゆる場面における、適切な言葉がけの考え方の基本が学べます。

・『仕事がパッと片づく！うまい教師の時間術』中嶋郁雄著（学陽書房）

教師なら身に付けておきたい基本的な時間術について、イラストで楽しく学べます。

私の友人の飯村友和氏との共著『やる気スイッチ押してみよう！』や拙著『ピンチがチャンスになる「切り返し」の技術』（いずれも明治図書刊）も、読みやすさと使いやすさを重視して構成しています。

どれも自信をもっておすすめできる本ですので、一度読んでみてはいかがでしょうか。

プライベートと仕事を区別しない。

教材研究は日常的にできます。

元筑波大学附属小学校の「追究の鬼」を育てるプロであった有田和正先生は、常にネタを探して日本中を旅行したといいます。

ゴールデンウィークのような長期休暇に旅行に出たら、その地方独自のネタを仕入れるのです。

例えば6年生を担任しているのなら、どこへ出かけても歴史のネタ集めができます。写真を撮ってきたり、土産物を購入したり、パンフレットなどを集めてもいいのです。

「プライベートと仕事を分ける」という考えもあります。

しかし、楽しいプライベートがそのまま仕事に直結したら、最高でしょう。

有田先生は、仕事にかこつけて旅行に出かけたといいます。

有田先生を師と仰ぐ山口県の福山憲市先生も同様で、旅先で面白い物を見つけては拾ったり購入したりし、教室に持ち込んでいるそうです。

元千葉大学附属小学校の国語の授業名人、野口芳宏先生も同様で、セミナー遠征と家族旅行を兼ねていたといいます。

どうやら「授業名人」と呼ばれる先生には、共通の傾向のようです。


人間は、意識したものだけが目に入ります。

新聞でも、あるテーマを意識すると、普段見過ごしていたような記事に目がとまります。

日常生活でも、必要な情報がひっかかるようになります。

例えば北海道に行きたいと思ってテレビを見ると、「最近、北海道に関する番組が多いなぁ」と思うようになるものです。

常にネタを探し求めようとする意識が大切です。

プライベートも仕事も分けずに、アンテナを張っておけば、何かと引っかかります。


さてアンテナを張ると、色々気付きます。しかし、すぐ忘れるものです。

だから、メモ帳やふせんを持ち歩き、すぐに書けるようにします。

今なら、スマホのメモアプリなどを活用してもいいでしょう。

そうやって書きためていくと、自分の「名言」のようなものもでき、財産になります。

いつでも、どこへ行っても学べるものです。


例えば、大人気のテーマパークに出かけたとします。

いるだけで楽しい空間ですが、ここでも色々と気付けます。

掃除をしているスタッフを見ることで、掃除の指導についてのネタができます。

道徳の資料作りもできます。

サービスと教育を関連して見ることもできます。


食事先のレストランや居酒屋でも学べます。

特に飲み会中の学びは大きいのに、翌日には頭からふっとびやすいものです。

では、どうするか。

おすすめは、はし袋へのメモです。

一緒に話している相手も、はし袋にメモされてまで書きとめておきたいという姿勢は、なかなか悪くないものです。

教師の学びは、無休で楽しんでやりましょう。

第5章

捨てたからこそ、得られるもの

時間の使い方が変わり、余裕ができた。

整理整頓ができて、空間的にすっきりしてきた。

人間関係も良好で、そこに悩む時間が減った。

授業技量も高まり、楽しむ余裕も出てきた。

では、新たに生み出したこの余裕を、次は何に使うのでしょう。空いた時間でさらに教材研究をし、自己研鑽につぎ込むのもいいでしょう。しかし、根本的に、教師として以前に、一人の人間として、何のために生きているのか、立ち止まる必要もあります。

この章では、「捨てる仕事術」を通して、どんな生活を手に入れたいのかという根本的な面について考えていきます。

体が最高の資本と心得て、運動をする。

自分のもつ一番の「資本」は何でしょう?

これは、「体」につきます。健康第一です。


私は、多くの教師（特に若手）が健康の有り難さに対して無頓着すぎると思っています。夏でも冬でも外で思い切り遊べる体というのは、立派な資本です。

放っておけば年を重ねるにつれ体が衰え、動かすのが億劫になるのが世の常なのです。


その辺りの感覚に敏感な人は、意図的に運動をしています。

私の所属するサークルの先輩にあたる先生（現在管理職）は、健康のために趣味でジョギングを始め、フルマラソンを完走するまでになっています。（余談ですが、私の周りの本を書く先生は、マラソンをしていることが多いようです。相関関係があるかもしれません。）

他にもゴルフ、テニス、水泳、ジム、フラダンスにホットヨガ等、人によって様々です。

とにかく、意図的に体を動かしている人は、エネルギッシュなことが多いのが現実です。

「鶏が先か卵が先か」という話になりそうですが、これはやはり「運動をしているから健康」という順番で考える方が妥当かと思います。

私自身は、毎朝の「体幹運動トレーニング」という10分程度の体操をして、さらに往復で30分程度の自転車通勤による運動をしています。

学校では休み時間に子どもと鬼ごっこやサッカー、バスケ、ドッジボールに興じます。

そして、平日夜や週末には、不定期で仲間とサッカーやフットサルもしています。

休日は我が子の遊び相手で、これも良い運動になっています。


脳科学では運動をすると、脳のシナプスが繋がり、記憶力が向上するといいます。

また、運動により脳から「やる気スイッチ」成分であるノルアドレナリンが出ます。

つまり、やる気が出ないという人は、体を動かせばいいのです。

私は以前友人との共著として出した本のタイトルのせいで、よく「やる気スイッチの入れ方を教えてください」と質問されます。

答えは「やる気が出なくてもやること」です。一番確実なのは、体を動かすことです。

例えば私の勤務校での研究テーマは「自ら運動の楽しさを追求していく体育学習」です

が、私自身が運動そのものを楽しんでいなければ、研究が成り立ちません。

子どもに教える以前に、教師なのです。

「主体変容・率先垂範」です。

子どもを健やかに育てるという立場にあるなら、自らが運動に親しむのは、仕事の内といえます。


「捨てる仕事術」を実行しているあなたには、新たに生み出された時間があるはずです。

これを利用して、健康のために、何か一つ運動に挑戦しましょう。

コツがあります。

1回で止めてもいいという思いで、気軽にやることです。

三日坊主も10回やれば、30日です。

その中で、いつか自分に合うものが見つかります。

幸い、今はインターネットやSNSの発達のお陰で、運動を始めるための仲間や場には困りません。

まず一つ、やってみましょう！

体に良いものを、選んで食べる。

健康で元気に働くために真っ先に断捨離すべきもの、それは、ずばり「食べ物」です。

私は以前、「出されたものは全部必ず食べる」を基本としていました。

しかし、最近は、食べないこともあります。

特にコンビニ弁当などで多く見られる、怪しい添加物がたくさん入ってそうなものです。

給食はどうかと言われれば、ほぼそこには当てはまらないので、全て食べます。


食べ物が脳と体をつくると考えれば、変なものは食べられません。

イライラしやすい、疲れやすいのは、食べ物が原因ということが十分あり得ます。


怪しい添加物が疑われるものの筆頭は「変な色」をした食べ物です。

不自然にカラフルで、妙な発色をしているもの。

大人になってからなのですが、気持ち悪くて口に入れる気がしません。

しかし、そういう「色モノ」が弁当に入っている理由は、「彩り」であるため、商業的には致し方ない気もしています。

例えばたらこは、本来の色だと、傷んでいると思われるせいで全然売れないそうです。

謎の添加物が多いものも避けます。

添加物に関する知識がなくとも、製品なら表示を見て、アルファベットとカタカナ表記がやたらに多いものは、なるべく避けます。

細かいようですが、これがやってみると色々気付けて、教育の現場で使えます。

食育だけでなく、商業という視点での社会科の学習や、理科の学習にも使えます。

ジュース一つとっても果汁何%ということから、算数の学習にも使えます。

果汁20%としたら、残りの80%は何なのか。なぜ「香料」や「酸味料」が使われているのか。考え出すと、教材としてもかなりの発展性があります。


そういう風に商品を見ていくと、行き着く先がどうしても高価なものになります。

保存料や着色料を使えば、日持ちするし、見た目も誤魔化せることがわかります。

逆に言えば、これらのものを使わないと、コストがかかるので高価になります。

自然の摂理です。

安くていい物も、確かにあります。

しかし、それはなぜ安いのか、または高いのか、理由を考えることが大切です。

生鮮食品などは、値段と品質が割とダイレクトに出ます。

農家へ出向いて直接買えれば、生産地から遠い店で買うより中間マージンや輸送料がかからない分、安くて新鮮に決まっています。

農薬を全く使わなければ虫食いや病気が多く発生するため、収穫高が減り、当然単価が高くなります。

秋にサンマが安い理由は、保存料や流通経路の問題ではなく、その旬の時期のみ大量に穫れるからに他なりません。

「安いからだめ」「高いからいい」ではなく、その理由を遡れば、自ずと答えが出ます。

金銭感覚だけでなく、日常的に思考力を鍛える一つの手段にもなります。

話が思考力や教材研究に飛びましたが、そういった副産物も生みつつ、食べ物に気をつかうことはメリットが多くあります。

せっかく早く帰れるのだから、良い食事をいただき、良い体をつくりましょう。

余裕がある時に、仲間の愚痴を聞いておく。

余裕ができた時こそ、次に疲れた時にどうするかをあらかじめ考えておきましょう。

それこそが、次の余裕を作ります。


疲労には、時期的なものもあります。

5月から6月は、子どもも大人も疲れている人が多いものです。

この時期に「私は元気いっぱいです!」という人は、「変な人」だと思っていいでしょう。(そういう人は、「あなたは変だ」と言われても大丈夫な人だと思うので、あえて書きます。)

事実、厚生労働省の出す自殺統計を見ても、過去何十年から現在まで、どの年度も大体4月から6月にかけての時期に自殺者数のピークがきています。

日本では学校や職場などの環境の変化に加え、季節の変わり目ということもあります。

蒸し暑くなると、どうしても疲れやすくなったりイライラするものです。

教師の仕事は、学級開きから授業参観に家庭訪問、陸上に運動会やらで、朝から晩まで働きづめです。

大体、そういう最高に忙しい時に限って、生徒指導の問題が出るのも全国共通です。

なぜなら、子どもたちだって疲れているからです。

諸事情が重なって、ぐったりしている人が多いのです。

ぐったり感が出せる人はまだいいのですが、元気に振る舞って実はぐったりしている人が一番危ないのです。


無理に無理を重ねている証拠です。

特に4月に新しい職場に異動した人は、愚痴一つこぼす相手もいなかったりします。

そうなると、もう心も体もくたくたでしょう。


そういう時はどうせ自分ではいい策が思いつかないので、人に相談するのが一番です。

同僚や信頼できる上司や管理職がいたら一番いいですが、いなければ誰でもいいのです。

方法も、電話相談やメール相談でもいいのです。

家族でも誰でもいいので、誰かへの相談が絶対の条件です。

別に解決策が出なくても、愚痴るだけでかなり救われるものです。

という訳で、自分に余裕があるあなたは、周りの疲れている人に、声をかけて愚痴を聞いてあげましょう。

人の役に立てることは、自尊心を育むことにもつながります。

その行動が、次の自分の余裕を作ります。


ここで絶対大切なポイントは、「自分に余裕がある時」という点です。

余裕のある人しか、与えることは難しいのです。

愚痴を聞くというのは、聞く側にとって決して楽しい行為ではありません。

ただでさえ黙って話を聞くのが苦手なのに、内容までネガティブで攻撃的なのです。

自分も疲れている時に人の愚痴を聞くと、エネルギーを吸い取られます。

カウンセラーというものが需要の高い職業として成立する所以です。


「貧者の一灯」という言葉がありますが、聖者のような人ならそれも可能でしょう。

実際問題、自分が満たされていない内は、気持ちよく与えられないものです。

そう考えると「朝、疲れた顔で教室に入るほど、子どものために頑張っている」というのは、かなり矛盾していることもわかります。自分の余裕が何より大切です。

「何もしない」を、
する。

余裕のある内に、ストレスマネジメントの方法を身に付けておきましょう。

疲れた時に学ぶより、余裕のある時に楽しく「疲れた時対策」の勉強をしておくのです。

私の場合、一番効果があったのは

「溺れている時は、もがかない」


という考え方です。

サーフィンで波にのまれた時の対策と同じで、小さく丸まって浮かぶのを待ちます。

（下手に出ようとすると、実は海の底の方に向かって泳いでいることがあります。）

潮の満ち引きと同じで、一生懸命押し返しても、引き潮の時に上げ潮にすることはできないのです。


「現状から脱出するためにやれることをやれ」というのは、それができないから困っているエネルギー切れの時には、あまり役立たないことがあります。

ただ「トラブルは育つ」という言葉もあるので、何もしないより動いた方が後でダメージは少ないこともあります。

そんな時には、先に紹介した「相談」（という名のただの愚痴）を、職場の利害関係のない相手に思う存分しましょう。

そして、ここがとても大切なのですが、人間の脳は本能的に「空白を埋めたがる」という性質があります。ここを完全に理解しておくことが肝です。

一つ、心理学の有名な図を紹介します。

上の図をご覧ください。

何が見えますか?

正三角形が頭の中に浮かんできますよね。

実際は、何もない空白なのに勝手に想像して埋めて考えてしまいますね。

これを心理学用語で「空白補完効果」といいます。

脳には、自分の都合よく、空白を埋めようとする機能があります。

面白い例だと、女性のマスクです。

「マスクをつけると美人に見える」という視覚効果が実際にあるのです。

これは、マスクという「空白」によって、見る相手が勝手に中を想像するからです。しかも、事実と無関係に、勝手に都合のいいように想像してくれます。実際どうであれ、詐欺でも何でもなく、マスクをつけている側には何の罪もありません。見る人が勝手に想像しているだけです。（ある意味失礼な話ですが、使いようです。）

この機能は、視覚以外のあらゆる脳の感覚に備わっています。

とりとめのないおしゃべりが成り立つのもこの機能のお陰で、単語をはっきり発音していなくても脳の中で空白補完処理をして聞き取るためです。

実際には発音されていない部分も勝手に補完して理解します。

つまり、意図的に「この時間は何もしない」と決めてゆったりしていると、この「空白」を埋めたくなり、どうにもこうにも動きたくなって、働きたくなるのです。

この時のコツは、**何もしない自分に対し、一切の罪悪感をもたない**ことです。

そうしないと「本当はやらないといけないのに」という罪悪感が、せっかくの空白を補完してしまいます。

思いっきり「何もしない」を楽しんで、存分にエネルギーチャージしましょう。

自分の働きを、お金に換算して考える。

余裕が出てきたところで、自分の働きぶりを給与と関連させて客観的に見てみましょう。

やり方は簡単で、1週間の総勤務時間に休日や持ち帰り仕事（は、この本を読んでいるあなたにはないはずですが）を合わせた時間を出して、4倍します。

この数値で、月の給与額を割れば、大体の時給が出ます。

いくらになったでしょうか。

高ければ高いほどいいです。


参考までに、文科省のある調査では、小中学校の教諭で一日平均10時間超の勤務です。

この勤務時間は、7時半に出勤して、一応昼休み等含めて一時間は休憩したとみなして、大体6時半に帰る人の場合です。

「この人、割と帰るの早いな……」と思った人は、これ以上働いています。

これを単純に5倍すると週に50時間。さらに4倍して月に200時間労働したとします。

これに対して給与が30万円とすると、時給1500円です。（ただし、ボーナスを無視した金額です。）

いかがですか？

勤務時間を短くできれば、さらに時給は高められます。

逆にだらだら残業をすれば、学校の光熱費を余計に消費する上に自らの時給が落ち、生産性の低い安い労働力を進んで提供していることになります。


こういうことを言うと「お金のために働いているんじゃない」という人がいますが、それは詭弁です。

社会のために働いているというのは、全ての職種の前提です。

子どもに教える仕事といえど働いている以上、現実的には生活とお金が絡んでいます。

教育において「タブー」のように扱われているのが、このお金に絡む話です。

実際は、お金がないと話になりません。

今教えている目の前の子どもたちに教えることも、最終的には自立を目指させる訳です。

キャリア教育の重要性は、いわずもがなです。

社会に役立つ人材を育てていくということは、自立できるというだけでなく、社会に広く貢献して、気持ちよくお金を頂ける人にしていく必要がある訳です。

お金は社会から頂く「ありがとうポイント」なのだから、人に喜ばれることをどんどんして、堂々と稼げるようになればいい訳です。

そういうことを教えつつ、自らもそういう意識で働くことが大切です。


お金と時間というのは、誰にとっても貴重な資源です。

しかもどちらも「使い方次第」です。

ある有名な知識人などに言わせれば「学校教育にかける費用は、最も費用対効果の低い無駄な使い方」とばっさり切られるという、辛辣な意見もあるぐらいです。

そんなことを言われてしまうぐらい、費用対効果が相当に無視されている場です。


だとしたら、学校教育の生産性を高めるしかありません。

無駄をカットし、子どもの将来にとって本当に必要なことを厳選して提供するのです。

そのためには、まず自分自身が無駄な仕事は極力せず、真剣に生産性を高め、給料に見合う以上の生産性の高い働きをすることです。

まずは、自分の仕事を時給換算するところからやってみましょう。

お金にならない仕事を、やってみる。

学校の仕事に余裕ができたあなたこそ、「余分な仕事」をしてみましょう。

今、日本の教員が教育でお金を儲けていたら、批判されます。

私立教員ならまだしも、公務員の立場なら尚更です。

ちなみに、私が今しているこの執筆活動というものは、公務員の副業には当たりません。

しかし、やはりそれでもお金の話はあまり公にしません。

「聖職者」の「聖域」として、嫌がる人が多いのです。


はっきり申し上げますと、教員の執筆活動は、ほとんど儲かりません。

先の時給の計算でいくと、ほとんどの場合、世の中の最低賃金以下の金額です。

そして、余程の文才がない限り、日常生活にかなりの支障が出ます。

かなりの時間を費やして書くため、相当に自由な時間はなくなります。

しかし、書くことで人を助けたり喜んでもらえたりする面もあるので、頑張れる訳です。


逆に言うと、だからこそ本来頂いている給与の有り難さがよくわかります。

どんな働き方をしていようが、確実に毎月定額の給与が振り込まれます。

執筆等の活動をしていると、普段頂いている給与の金額の多さがよくわかるのです。給与を頂く度に、有難い一方でもっとこの労働による効果を上げないと申し訳ないような気持ちになります。

つまり、結果として仕事により打ち込めるようになります。

また、記事を書こうとすることで、仕事をしている中で、問題意識をもちやすくなるメリットもあります。

もう一つ、「捨てる仕事術」で余裕ができた人にお勧めなのが、ボランティア活動です。ユニセフのような国際的な活動をしている大きな団体から、地域に根ざした活動など、探せば活動している団体はいくらでもあります。

どこからやったらわからない人は、とにかく、そこに属してみればいいのです。

ボランティア活動は、教員の仕事を離れて、社会を見る目を養えます。

例えば、私の知人の方が主催している「被災地に学ぶ会」という活動があります。

この名称がポイントで「被災地を助ける」ではなく「被災地に学ぶ」なのです。

被災地に行けば、学べることは数知れません。
「助けに行く」というより「助けさせてもらう」という方がより正確です。
被災地に行くと、他人事が、自分事に近付きます。
同じ日本人としての意識もはたらきます。
日本の問題を、自分事として捉える機会にもなり、日本社会を見直す視点ができます。
それは、確実に授業でも役立つ力です。

そしてボランティア活動の理念は
「できる人が、できる時に、できることをする」です。
余裕がないと、なかなか難しいものです。
仕事を真剣に精選している人だからこそ、やれるともいえます。
人の役に立つことをするという、仕事本来の目的も改めて見直すこともできます。

目の前の損得を抜きにして、「尊」「徳」を優先する。
余裕ができた時こそ、そんな機会を自らつくっていきましょう。

一人の人間として、
本当に
やりたいことを、
思い切りやる。

この章での最後の提案は、生み出した時間で、自分が本当にやりたいことを思い切りやろうということです。

親や教師ができる、子どもにとって最高の教育とは何でしょう。

それは、親や教師が、自分の人生を一人の人間として最高に楽しんでいる姿を見せることです。

それ以上の教育はありません。

逆に考えてみてください。

いつも「あなたのために頑張っている」と疲れた顔で迫ってくる担任、または親。

本人は、「あなたのため」が口癖で、自分の人生を全く楽しんでいない様子。

こんな大人に憧れて、早く大人になりたい、学びたいと思うでしょうか?

正直、「ありがた迷惑」だと思いませんか?

「私が頑張るのはあなたのためよ」という言葉ほど、重くて鬱陶しい言葉はないのです。

自分の人生を自分のために自分で責任もって生きることを、大人の背中で示すことです。

「捨てる仕事術」で作った貴重な時間、自分のやりたいことを、思い切りやりましょう。

ちなみに私は、読書が本当に大好きです。心の底から好きです。

新たな知識を得ること自体に喜びを見出すタイプです。自分の世界が広がる気がします。

毎朝がばっと早起きができるのも「ゆっくりコーヒーを飲みながらあの本が読みたい！」という単純な動機です。

だから毎日の電車通勤中はもちろん、トイレの中でもお風呂の中でも本を読みます。

「変な奴」と思われるかもしれませんが、少し見回せば全く同じ動きをスマホでやっている人はかなりいるのではないでしょうか。

単にスマホをいじっているだけの人との大きな違いは、「主体性」と「目的意識」です。

私は、明確にその本が読みたくてやっています。

出勤前に「今日はどれにしようかな〜♪」と一人鼻歌を歌ってわくわくしながら本を選び、それを鞄に入れるのです。

こうなると毎日の電車通勤時間は「レジャー」以外の何者でもありません。

一方「単なるスマホいじり」が癖になっている人は、どうなのでしょう。

意図的にスマホで仕事を能率的に進めている人もいて、これも仕事術の一つです。

これは、働き方や勉強の仕方、ひいては生き方そのものではないでしょうか。


一時期、某ゲームによる「歩きスマホ」が社会問題になりました。

私たち人間一人一人は、本来、機械や他に操作される存在ではないのです。

これは、子どもでも大人でも、教師でも保護者でも、立場を越えた普遍的なことです。

自由に主体性をもち、自分の生きたいように生きる権利があります。


担任の先生が、自分の人生を、輝いて生きている。

それを見たら子どもだって、そうやって生きよう、そう生きたいと思うでしょう。

「子どもに主体性を……」とか「深い学びを……」などと言われる時勢ですが、要は教師自身がそういう生き方をしていない以上、全て「机上の空論」です。

教師自身が、自分がやりたいことを、思い切りやるための時間を確保する。

それこそが、この「捨てる仕事術」を実行する究極の目的です。

空いた時間で何をしますか。

ここまで「捨てる仕事術」について書いてきましたが、大切な真理を一つ。

それは、「真逆もまた真」ということです。

時間術の項目でも書きましたが、例えば、休日出勤が幸せと感じる人もいれば、不幸だと感じる人もいるということです。

その双方に善悪はなく、ただそういうものだということです。


つまりは、自分にとっての取捨選択です。

ある人にとっては捨てるべきがらくたが、ある人にとっては宝物です。

今回紹介してきたものは、あくまで私にとっての取捨選択の視点です。

それが「常識」から外れているものがあれば、逆にそれが教師の仕事に悩む方々の参考になるのではないかと思い、書いた次第です。

それが「真逆もまた真」という意味です。


無理に空気を読みすぎるのは、やめにしませんか。

どうせ誰も、あなたのことを、あなたほどは見てくれていないのです。

あなたの真の理解者は、あなたでしかないはずです。

あなたは、担任する子どもたちの、真の理解者になれますか。
こんなことを言うと非難されそうですが、私は、我が子に対してすら、真の理解者には
なれないと思っています。

「教育者は子どもの真の理解者であるべき」という理想はわかります。
でも、結局それはエゴでしかないのではと思うのです。
子どもの真の理解者は子ども自身だし、その人生を背負えるのも子ども自身です。
最も近いはずの親ですら、人生までは背負えません。
まして、一担任が背負えるはずがありません。

だからこそ、担任として過ごす子どもとの時間は、大切にしたいのです。
「一生面倒を見る」なんてできないからこそ、今を大切にしたい。
そのために「先生も毎日楽しそうに生きているな」と思わせる生き方をしたいのです。
子ども自身が生きていくために必要な力の獲得をお手伝いさせてもらいたいのです。

先回りして手を打つより、子ども自身に苦労させて試行錯誤させたいのです。


いらないものは、全て捨ててしまいましょう。

一番いらないのが、「他人の目を気にする心」です。

他人に配慮するのもほどほどに。

配慮すら、真逆の真理をもっている人には「お節介」かもしれません。


私もこの本でたくさんの「お節介」かもしれないことを書かせていただきました。

本書で紹介した「捨てる仕事術」は、時間を作りだすための手段でしかありません。

その真の目的は、作り出した時間で、本当に自分がしたい何かをすることです。

この自由に使える時間を、何に使いたいですか。

家族との時間、趣味の時間、あるいは学級の子どもと遊び笑い合う時間かもしれません。

読者の皆様の人生を明るくするアイデアが一つでもあれば、著者として何より幸いです。

【著者紹介】（執筆当時）

松尾　英明（まつお　ひであき）

1979年宮崎県生まれの神奈川県育ち。教職16年目。現在は千葉大学教育学部附属小学校で体育指導を研究。「教育を，志事にする」という言葉を信条に，自身が志を持って教育の仕事を行うと同時に，志を持った子どもを育てることを教育の基本方針としている。野口芳宏氏の「木更津技法研」で国語，道徳教育について学ぶ他，原田隆史氏の「東京教師塾」で目標設定や理想の学級づくりの手法についても学ぶ。

【主な著書】

・『新任３年目までに知っておきたい　ピンチがチャンスになる「切り返し」の技術』（明治図書　単著）
・『やる気スイッチ押してみよう！元気で前向き，頑張るクラスづくり』（明治図書　共著）　ほか雑誌連載等含め多数。
・メルマガ『「二十代で身につけたい！」教育観と仕事術』が「まぐまぐ大賞」2014，2015，2016と連続受賞。

〔本文イラスト〕木村美穂

「あれもこれもできない！」から…「捨てる」仕事術
忙しい教師のための生き残りメソッド

2017年９月初版第１刷刊　©著　者　松　尾　英　明
発行者　藤　原　光　政
発行所　明治図書出版株式会社
http://www.meijitosho.co.jp
（企画）佐藤智恵（校正）川﨑満里菜
〒114-0023　東京都北区滝野川7-46-1
振替00160-5-151318　電話03(5907)6703
ご注文窓口　電話03(5907)6668

＊検印省略　組版所　株式会社カシヨ

Printed in Japan　ISBN978-4-18-171335-5